1. 教育部"十三五"教育科研规划全国重点课题：初中数学课堂教学探索；
2. 教育部"十四五"教育科研规划全国重点课题：初中数学教学探究式教学实施。

初中数学课程教学实践与理论研究

王佳明／著

图书在版编目(CIP)数据

初中数学课程教学实践与理论研究 / 王佳明著. - -
长春：吉林出版集团股份有限公司，2022.10
　ISBN 978-7-5731-2283-4

　Ⅰ.①初…　Ⅱ.①王…　Ⅲ.①中学数学课 - 教学研究
 - 初中　Ⅳ.①G633.602

　中国版本图书馆 CIP 数据核字(2022)第 175835 号

CHUZHONG SHUXUE KECHENG JIAOXUE SHIJIAN YU LILUN YANJIU

初中数学课程教学实践与理论研究

著　　者	王佳明
责任编辑	杨　爽
装帧设计	马静静

出　　版	吉林出版集团股份有限公司
发　　行	吉林出版集团社科图书有限公司
地　　址	吉林省长春市南关区福祉大路 5788 号　邮编：130118
印　　刷	北京亚吉飞数码科技有限公司
电　　话	0431 - 81629711（总编办）
抖音号	吉林出版集团社科图书有限公司　37009026326

开　　本	710mm×1000mm　1/16
印　　张	12.75
字　　数	202 千
版　　次	2023 年 4 月第 1 版
印　　次	2023 年 4 月第 1 次印刷

书　　号	ISBN 978-7-5731-2283-4
定　　价	86.00 元

如有印装质量问题，请与市场营销中心联系调换。　0431 - 81629729

前　　言

数学给予人们的不仅是知识,更重要的是能力,这种能力突出表现为"数学作为文化的一部分,其最根本的特征是它表达了一种探索精神",同时随着社会的发展,传统的课程和教学虽然在一定程度上促进了学生对数学知识的学习和掌握,但数学课程和数学观面临着重大变革,培养学生的数学学习能力和数学创造能力已显得十分重要。

初中教育是基础教育的关键环节,也是国民教育的基础环节。随着社会的进步,教育理念的革新,教育工作者们在新课程标准的指导下,根据现有的理论进行学习研究,针对学校教育现状以及学生的需求和个性特征,变革教师的教学方式和学生的学习方式。

数学课堂是数学教师工作的主阵地,数学课堂教学研究是每一位数学教师专业成长的必经之路,是提高数学教师专业水平和研究能力的有效方式。基于课标理念和实践基础对课堂中出现的疑难问题、典型问题进行研究,有利于认清课堂现状,把握教学问题的本质,对提高教学质量和深化课改有促进作用。

本书共七章,第一章为数学教学概论,对数学的基础理论、数学教学现状、对数学教学的正确认识、数学课程简述、初中数学课程基础理论进行了简要阐述;第二章、第三章分别对初中数学教学模式、初中数学教学设计进行了详细介绍;第四章为初中数学课程教学与信息技术整合,阐述了数学课程与信息技术整合概述、多媒体辅助教学、大数据在初中数学教学中的应用以及数学教学与信息技术整合的实施案例分析;第五章、第六章分别论述了初中数学教学评价及建议、初中数学学习能力的培养;第七章为初中数学校本课程开发,从数学校本课程开发概述和校本课程的建设两个方面进行阐述。

本书分别从教学模式、教学设计、数学课程与信息技术整合、教学评价、教学能力、校本课程开发等多个角度对初中数学课堂教学相关的热

点、难点、困惑问题进行了探讨,在撰写过程中力求体现如下特点:

(1)案例性。本书遴选了一些初中数学教学设计、教学实录、教学现象的典型案例加以辅证或说明,力求让读者对书中的理论和案例进行学习、比较和深入研究,引发读者对初中数学教学中有价值的问题进行反思。

(2)理论性。本书对数学思维的培养、感受的心理机制、学习评价、教材分析、课堂教学的有效性等有关理论进行了论述,达到了一定的理论深度,对课堂教学的设计、教学实施的方法与策略、数学解题等方面进行了较为全面的阐述。

(3)问题性。本书研究的问题主要源于当前初中数学一线课堂,针对焦点、热点问题以及课改中的一些困惑进行讨论,研究的结果往往是一线教师的经验总结和教育专家多年的考察、研究成果,因此能很好地用于指导学习。

本书在撰写过程中,参考了初中数学教学方面的相关著作及研究成果,由此获得了丰富的研究资源。在此,向相关学者致以诚挚的谢意。由于时间、水平与精力有限,本书难免存在一些不足之处,恳请广大读者批评指正。

作　者
2022 年 8 月

目　　录

第一章　数学教学概论 …………………………………………… 1
- 第一节　数学的研究对象、特点与价值 ………………………… 1
- 第二节　数学教学现状 …………………………………………… 10
- 第三节　对数学教学的正确认识 ………………………………… 14
- 第四节　数学课程简述 …………………………………………… 25
- 第五节　初中数学课程的性质与理念 …………………………… 27
- 第六节　初中数学课程内容的选择与编排 ……………………… 30

第二章　初中数学教学模式 ……………………………………… 36
- 第一节　教学模式概论 …………………………………………… 36
- 第二节　数学教学模式的分类 …………………………………… 39
- 第三节　常用初中数学教学模式介绍 …………………………… 40
- 第四节　初中数学翻转课堂教学模式 …………………………… 44

第三章　初中数学教学设计 ……………………………………… 56
- 第一节　初中数学教学设计概述 ………………………………… 56
- 第二节　初中数学教学目标设计 ………………………………… 63
- 第三节　初中数学问题解决的教学设计 ………………………… 67
- 第四节　初中数学教学设计实例 ………………………………… 73

第四章　初中数学课程教学与信息技术整合 …………………… 78
- 第一节　数学课程与信息技术整合概述 ………………………… 78
- 第二节　多媒体辅助教学 ………………………………………… 92
- 第三节　大数据在初中数学教学中的应用 ……………………… 95
- 第四节　数学教学与信息技术整合的实施案例分析 …………… 106

第五章　初中数学教学评价及建议 …………………………… 118
　第一节　数学课程学习与教学评价的基本理论 ………… 118
　第二节　数学课堂教学评价 ……………………………… 126
　第三节　多元化的教学评价方式 ………………………… 135
　第四节　数学课程学习评价案例分析 …………………… 143

第六章　初中数学学习能力的培养 …………………………… 147
　第一节　学生数学运算能力的培养 ……………………… 147
　第二节　学生数学建模能力的培养 ……………………… 160
　第三节　学生数学问题提出能力的培养 ………………… 164
　第四节　学生数学创新思维能力的培养 ………………… 167
　第五节　教师教学能力提升的有效路径 ………………… 177

第七章　初中数学校本课程开发 ……………………………… 180
　第一节　数学校本课程开发概述 ………………………… 180
　第二节　校本课程的建设 ………………………………… 186

参考文献 …………………………………………………………… 194

第一章　数学教学概论

数学是研究现实世界的数量关系和空间形式的一门科学,是人类认识世界、发展科学技术、推动社会进步的重要工具。正确认识数学和数学课程,对于提高数学教学质量、全面实现教育目标具有重要意义。

数学是中学的必修课程之一,是学习其他各门课程的基础,因此,每个中学生都必须学好数学。但是不少学生认为数学难学,不好学,甚至不愿意学。究其原因,主要是因为有些学生对数学的重要性和必要性了解不够,对它缺乏正确的认识。因此,要想学好数学,需要提高对数学学科的特点、价值和重要作用的认识,激发对数学的学习兴趣;同时掌握数学学习的方法,培养学思结合、刻苦钻研的良好学习习惯。

第一节　数学的研究对象、特点与价值

一、数学的研究对象

关于数学的定义,最为引人注目的有两个。一个是恩格斯在 19 世纪给出的:数学是研究客观世界数量关系和空间形式的科学;另一个是数学的当代定义:数学是关于模式和秩序的科学。在《义务教育数学课程标准(2022 年版)》中沿用了恩格斯的解释:数学是研究数量关系和空间形式的科学,是刻画自然规律和社会规律的科学语言和有效的工具。这里所说的数量关系与空间形式,既可以是来源于现实世界的内容,也可以是数学自身逻辑的产物。

二、数学的特点

数学是人类文化的组成部分,但是,它又是一种特殊的文化,有其自身的特点。一般人都可以感受到,数学不仅与文学艺术等人文学科不同,而且与物理、化学、生物等自然科学也不同。数学最显著的特点有如下几点:

(一)抽象性

数学中研究的"数",如"2",不是"2个人""2个苹果"等具体物件的数量,而是完全脱离了这些具体事物的抽象的"数"。数学中研究的形——三角形、四边形等,也不是三角板、长方形纸片或足球场等具体的形状,而是抽象的几何图形。

数学的抽象只保留了量的关系,而舍弃一切质的特点;只保留了一定的形式、结构,而舍弃内容。这样,就得到纯粹状态下的以抽象形式出现的量与量的关系,成为一种思想材料的符号化、形式化抽象,这是一种极度抽象。抽象就是把对象理想化,数学抽象是在理想条件下表现的纯粹的、独立的、真正的过程。正因为数学的高度抽象性,使数学具有广容性,这是数学所特有的。那么,作为教育的数学,当然也具有抽象性,但这种抽象性应该具有层次性和阶段性。在抽象的过程中,不应该掩埋数学抽象的对象——形式化的思想材料,这些材料仍可以溯源于经验世界。我们的初中数学,就应从学生的思维特征、生活实际和数学现实出发,在不同的阶段,施以不同的思维材料,让学生经历数学抽象的层次性和阶段性。

数学抽象的多层次性和数学方法的逻辑性,导致了数学语言的符号化和形式化,而且这种符号化和形式化的程度,是任何一门学科都不能与之相比的。也正因为数学语言具有符号化和形式化等特点,从而给人们探索、发现数学新问题提供了很大的"自由空间"。

数学抽象,就其本质而言,是抽取事物量的属性和量与量的关系;就其形式来讲,表现为多层次化、符号化、形式化,这就构成了数学抽象性有别于其他学科抽象性的特征。

(二)严谨性

与物理、化学等自然科学不同,数学理论、定理和公式等,都不是通过观察和实验得出的,而是逻辑推理的结果。从这个意义上说,数学是思维科学。

数学的严谨性主要表现为:推理的逻辑性、公理化方法和结论的确定性。首先,建立数学理论要靠严密的逻辑推理,每个数学分支都是以逻辑为链条的演绎系统。不论数学成果是以逻辑思维还是直觉思维获得的,它作为一项数学结论被确立下来,是必须经受逻辑证明检验的。其次,数学思维中对事物主要基本属性的把握,本质上源于公理化方法。用公理化方法和逻辑推理得到的数量关系的规定性是事物客观规律的反映,它确保数学结论不会因为推广、发展而被推翻。因此,数学具有培养人忠诚、正直、追求真理的教育功能,它不仅有助于提高全人类的科学文化素养,也是培养学生意志、毅力、科学态度及自信心的好素材。

数学具有严谨的逻辑性,其要求逻辑上无懈可击,结论要精确。虽然在探索数学真理的过程中,提出过合情推理的作用,然而数学真理的确认使用的是逻辑演绎的方法,这是由数学研究的对象和数学的本质属性所决定的。数学的高度抽象性预先规定了数学只能从概念和公理出发进行推理证明。一个数学概念,没有逻辑上的清晰、准确的刻画就不能进一步进行研究。在数学定理的证明中,据以证明的前提,在逻辑上是清楚的;定理证明步骤在逻辑上是完全的、严格无误的。正是数学概念的这种准确性以及逻辑本身的普遍意义,使数学的结论具有精确性。但是就数学的发展来看,数学的逻辑严谨性是相对的,没有绝对的逻辑严谨性,即所谓严谨性是局部的、片段式和阶段式的。初中数学教学也应该按照严谨性发展的本来面目来设计数学内容,要求学生逐步发展适度和适量的逻辑严谨性能力。

(三)广泛性

数学理论的抽象性超越一切具体物质内容,也超越具体自然学科,所以数学理论、定理和公式的应用范围不受学科和实际应用范围的限制。例如,式子"3+5=8"可以用在所有的领域,用在所有的物质对象上。

数学广泛的应用性是由数学高度抽象性和严谨的逻辑性决定的。随着社会的不断发展,数学的应用程度越来越高,范围越来越广,而且这种应用反过来又推动和促进数学本身的发展。这种推动和促进,往往是在解决实际问题的过程中,发现了某些背景后面存在的尚未被发现的量、量的属性和量的关系,从而产生新的数学成果,而数学在发展与完善自身的同时,将更多地渗透并运用于其他科学领域。

近半个世纪以来,数学更加成功地运用于经济、管理、通信、资源开发和环境保护、医学、军事与国防等领域。我们认识数学应用性的目的在于普及数学,让普通大众了解数学及其对世界的意义,而不是数学至上的狭隘的数学观。在过去的数学教学过程中,培养学生用数学分析和解决实际问题的能力等应用性被"数学是思维的体操"完全遮盖。其实,工程控制、图像识别和处理、模糊识别、运筹优化皆作为数学模型在高、精、尖的科技前沿发挥着重要作用。所以,初中数学应该让学生领会数学解决实际问题的高度有效性,进而培养他们提出问题、分析问题和解决问题的基本能力与数学素养。

(四)辩证性

数学中充满着辩证关系,包含着丰富的辩证因素。

第一,数学内容具有辩证性。数学中充满着矛盾,存在着许多对立关系。如正与负、数与形、常量与变量、近似与精确等,它们在一定的条件下相互依存,又在一定的条件下相互转化。

第二,数学方法具有辩证性。如归纳与演绎交互借用的过程就是"否定之否定"的过程;函数求导的过程就是量变与质变、有限与无限的矛盾转化过程;数学变换方法实际上是利用变换与其逆变换经过迂回曲折的过程来实现未知与已知的矛盾转化;等等。这些都是"否定之否定"与矛盾转化等辩证思想在数学中的具体体现。

(五)简约性

简约的数学语言与丰富的数学思想相交融是数学的又一特点。众所周知,数学思想是十分丰富的。公理化方法、代数思想、解析几何观点、统计与概率思想、微积分思想等是宏观的数学思想。函数观点、向量表示、参数方法、恒等变形、同解变形等是中型的数学观念。素数与合数、任意角与周期性、算术根等是微观的数学问题。这些内容渗透了人类几千年的文明努力，具有丰富的思想文化内涵，但是它们都是用简明的符号、公式、定义以及定理加以描述的。

由于数学语言具有抽象性和严谨性的特点，因而学生的数学语言发展过程也是阶段性和层次性的。使用数学语言要有一个过程，开始时自然语言要多，例子要多，描述要具体而生动，触及的数学内涵要少，表达的数学思想要浅。随着年龄的增长，语言可以逐步简约、符号化、抽象化，乃至完全形式化，直到全部采用符号的数理逻辑语言。目前对于数学语言和数学思想方法等的教学，更多采用的是螺旋式课程安排和非形式化体系，从生动有趣、浅显易懂、具体描述的语言开始，逐步严密、加深、抽象成比较简约的语言和思想。比如现今使用的新数学教材对统计与概率部分就是以这样的方式安排的。

三、数学的价值

数学有用吗？回答是肯定的。下面从"数学与教育""数学与经济"两个角度来体会数学的价值。

数学与教育：今天，在任何国家，数学都是学生们必修的主科。作为人类的共同财富——算术、几何、代数已经成为人类基础教育的主题。

几千年的数学长河，从远古的一个点、一条线开始，经初等算术、几何、代数、三角，逐渐演变成高度抽象统一的科学体系，解析几何、微积分、非欧几何、现代三角学等现代数学学科不断涌现，终于建立了一个庞大的数学科学王国。

数学核心领域的扩张、数学的空前广泛应用、计算机与数学的相互影响等已经成为现代数学的基本发展趋势。

数学与经济：微积分的发明成为17、18世纪以机械运动为主题的第一次产业革命的重要先导。

从20世纪40年代开始的以电子计算机、原子能、空间技术、自动化技术的发明和应用为基础的信息革命，更与数学的发展相辅相成。

在现代信息社会，数学与经济的结合日益密切，无数经济问题需要数学来解决，经济的发展又不断向数学提出新的挑战。

大多数诺贝尔经济学奖的获得者得益于数学。博弈论大师、著名数学教授约翰·纳什提出的"纳什均衡"及其后续理论不仅影响了数学界,而且改变着整个经济学乃至整个社会科学的面貌。1994年,约翰·纳什因为对非合作博弈均衡分析以及对博弈论的贡献荣获诺贝尔经济学奖。今天,在全球经济一体化的大潮下,全球性市场的形成,更需要数学为经济"航母"保驾护航。世界经济体制在信息社会中正处于深刻的变革时期,数学已经迎来了无限光明的前途。

数学对于推动人类进步与社会发展、形成人类的理性思维、促进个体智能发展等方面具有重要的作用。数学的价值内涵也随着时代的发展呈现出不断丰富的过程。

下面从以下几个方面探讨数学的价值:

(一)数学是基础

数学科学是自然科学、技术科学的基础,并在经济科学、社会科学、人文科学的发展中发挥越来越重要的作用。

(二)数学是科学的语言和思维的工具

数学语言是每个人都必须学习使用的语言,使用数学语言可以使人在表达思想时做到清晰、准确、简洁,在处理问题时能够将问题中各种因素之间的复杂关系表述得条理清楚、结构分明。在现代社会中,许多事物均用数学来表征。从基本的度量(如长度、面积、容积、质量)到门牌号码、电话号码、邮政编码、身体检查(如体温、血压、肝功能、血脂、白细胞),等等,无一不用数学来表示。

数学科学对于人认识客观世界、改造客观世界的实践活动的教育作用和意义主要体现在数学科学可作为一种工具,人们运用数学的概念、法则、数学语言、数学符号和数学思想方法等来解决实践和科学问题。

1. 数学——科学的语言

一般地说,就像对客观世界量的规律性的认识一样,人们对于其他各种自然规律的认识也并非是一种直接的、简单的反映,而是包括了一个在思想中"重新构造"相应研究对象的过程,以及由内在的思维构造向外部的"独立存在"的转化(在爱因斯坦看来,"构造性"和"思辨性"正是科学思想的本质的思想);就现代的理论研究而言,这种相对独立的"研究对象"的构造则又往往是借助于数学语言得以完成的（数学与一般自然科学的认识活动的区别之一就在于：数学对象是一种"逻辑结构"，一般的"科学对象"则可以说是一种"数学建构"），显然，这也就更为清楚地表明了数学的语言性质。

数学作为一种符号语言，它可以摆脱自然语言的多义性。数学语言的简洁性有助于思维效率的提高；数学语言也便于量的比较和分析；可以探讨自然法则的更深层面，这是其他语言不可能做到的。还表现在它能以其特有的语言（概念、公式、法则、定理、方程、模型、理论等）对科学真理进行精确和简洁的表述。如著名物理学家、数学家麦克斯韦的麦克斯韦方程组，预见了电磁波的存在，推断出电磁波速度等于光速，并断言光就是一种电磁波。这样，麦克斯韦创立了系统的电磁理论，把光、电、磁统一起来，实现了物理学上重大的理论结合和飞跃。

2. 数学——思维的工具

数学是任何人分析问题和解决问题的思想工具。这是因为：第一，数学具有运用抽象思维去把握实在的能力。数学概念是以极度抽象的形式出现的。在现代数学中，作为数学的研究对象，它们本身却是一种思想的创造物。与此同时，数学的研究方法也是抽象的，这就是说数学命题的真理性不能建立在经验之上，而必须依赖于演绎证明。而数学应用于实际问题的研究，其关键还在于能建立一个较好的数学模型。建立数学模型的过程，是一个科学抽象的过程，即善于把问题中的次要因素、次要关系、次要过程先撇在一边，抽出主要因素、主要关系、主要过程，经过一个合理的简化步骤，找出所要研究的问题与某种数学结构的对应关系，使这个实际问题转化为数学问题。在一个较好的数学模型上展开数学的推导和计算，以形成对问题的认识、判断和预测。这就是运用抽象思维去把握现实的力量所在。

第二，数学赋予科学知识以逻辑的严密性和结论的可靠性，是使认识从感性阶段发展到理性阶段，并使理性认识进一步深化的重要手段。在数学中，每一个公式、定理都要严格地从逻辑上加以证明以后才能够确立。数学的推理步骤严格地遵守形式逻辑法则，以保证从前提到结论的推导过程中，每一个步骤都在逻辑上准确无误。所以运用数学方法从已知的关系推求未知的关系时，所得结论有逻辑上的确定性和可靠性。

第三，数学也是辩证的辅助工具和表现方式。这是恩格斯对数学的认识功能的一个重要论断。在数学中充满着辩证法，而且有自己特殊的表现方式，即用特殊的符号语言和简明的数学公式，明确地表达出各种辩证的关系和转化。

第四，值得指出的是，数学还是思维的体操。这种思维操练，确实能够增强思维本领，提高科学抽象能力、逻辑推理能力和辩证思维能力。数学在培养人的思维能力，发展智力方面具有不可或缺的突出作用。数学思维不仅有生动活泼的探究过程，其中包括想象、类比、联想、直觉、顿悟等方面，而且有严谨理性的证明过程，通过数学培养学生的逻辑思维能力是最好的、最经济的方法。在学习数学知识及运用数学知识、思想和方法解决问题的过程中，能培养辩证唯物主义世界观，能培养实事求是、严谨认真和勇于创新等良好的个性品质。

(三)数学是研究量的科学

数学研究客观对象量的变化、关系等，并在提炼量的规律性的基础上形成各种有关的推导和演算的方法。数学的思想方法体现着它作为一般方法论的特征和性质，是物质世界质与量的统一、内容与形式的统一的最有效的表现方式。这些表现方式主要有：提供数量分析和计算工具、提供推理工具、建立数学模型。任何一种数学方法的具体运用，首先必须将研究对象数量化，进行数量分析、测量和计算。例如，太阳系第八大行星——海王星的发现，就是由亚当斯和勒维烈运用万有引力定律，通过复杂的数量分析和计算，在尚未观察到海王星的情况下推理并预见其存在的。

数学作为推理工具的作用是巨大的。特别是对由于技术条件限制暂时难以观测的感性经验以外的客观世界，推理更有其独到的功效，例如正电子的预言，就是由英国理论物理学家狄拉克根据逻辑推理而得出的。后来由宇宙射线观测实验证实了这一论断。

(四)数学是技术——应用价值

实际上，数学在早期的发展表现为一种实用的技术，广泛应用到解决人类生活与社会活动中的各种实际问题，例如，食物、牲畜、劳动工具以及生产资料的分配与交换，房屋、仓库等的建造，土地的丈量，水利的兴修,历法的编制等。

20世纪产生一批应用数学的分支,如控制论、信息论、博弈论、规划论等。这些数学分支涉及的问题已经成为数学重要的研究方向、课题。随着时代的发展,形成了许多新的学科方向,有许多都是与数学有关,例如,生物数学、经济数学、计算化学、计量历史学等。

今天,数学正以崭新的面貌与姿态活跃在现实世界和人们的生活之中。数学在当代社会中的许多出乎意料的应用,越来越彰显出数学的技术品质。在当代,高新技术的基础是应用数学,而应用数学的基础是数学,这也越来越成为不可否认的现实。当代高新技术的高精度、高速度、高自动、高质量、高效益等特点,无一不是借助数学模型与数学方法并通过计算机的控制来实现的。同时,由于运用计算机技术与手段,数学理论和数学模型借助计算机的强大功能直接"物化"为科技产品的核心部分。可以毫不夸张地说,今日的数学已经不甘于站在幕后,而是大踏步地从科学技术的幕后走向了台上,直接参与创造生产价值,并成为一个国家综合实力的重要组成部分。

总而言之,数学的广泛应用使得数学科学自身已经成为现代社会中一种普遍适用的技术,数学具有技术的品质标志着数学的应用达到了一个崭新的阶段,也标志着数学在现代社会中的地位得到了进一步提高。

(五)数学的文化价值

数学是人类文化的重要组成部分,被称为数学文化。数学的文化价值主要体现在以下几个方面:

(1)作为人类文化的重要组成部分的数学,它的一个重要特征是追求一种完全确定、完全可靠的知识。数学的研究对象必须有明确无误的概念,其方法必须由准确无误的命题开始,服从准确无误的推理规则,借以达到正确的结论。

(2)它不断追求最简单的、最高层次的、超出人类感官所及的宇宙的根本。所有这些研究都是在最极度抽象的形式下进行的。这是一种化繁为简、以求统一的过程。

(3)它不仅研究宇宙的规律,而且也研究它自身。在发挥自身力量的同时又研究自身的局限性,从不担心否定自身。数学不断反思,不断批判自身,并且以此开辟自身前进的道路。

数学在其发展过程中,各种分支或思想相互融合、各自发展,拥有一个共同相容性的基础和模型也可看作是数学文化发展的重要特点。

(六)数学的教育价值

数学在教育中发挥了重要的作用,向受教育者提供参与社会生活与建设必要的数学基础知识和基本技能;向受教育者提供必要的智能训练和思维工具,提高数学思维;向受教育者展示数学对于社会发展的多方面的应用,从而认识数学在人类社会发展中的独特而重要的作用;向受教育者提供提出问题、思考问题、解决问题的机会。数学在育人中的作用体现在以下几个方面:

(1)辩证唯物主义教育。数学是从现实世界中抽象出来的科学,教学中要揭示数学本身的物质基础。例如,讲授乘法公式中的完全平方公式和平方差公式,即从代数计算的角度得到结论,也可用几何图形之间的关系得到相应的结论,代数几何辩证统一,相得益彰。结合有关教学内容,对学生进行实践的观点、运动变化的观点、对立统一的观点、量质互变的观点等教育,引导学生掌握辩证思维方法,逐步树立科学的世界观。

(2)挖掘数学教材中的美育。教师在日常教学中需结合有关的教学内容,揭示数学美的内容形式和本质特征,对学生进行审美教育,使学生能够逐步感受美、欣赏美、创造美,培养高尚的审美情操。

(3)个性品质的培养教育。严谨与抽象是数学的特征,也是数学对于一般文化修养所提供的不可缺少的养分,通过数学中严密的推理、论证以及错例分析、检验解题过程的合理性等,可以培养学生严密思考、言必有据以及实事求是、不轻率盲从的科学态度和作风。

第二节 数学教学现状

2002年实施"新课程"以来,特别是《义务教育课程标准(2011年版)》颁布以来,通过对区域内数学教学的全面调研,对数学教学的现状进行了理性的分析。

一、"新课程"实施以来的可喜变化

(一)教师的变化

1. 教师教育观念的变化

教师对知识的理解发生了变化,多数教师普遍认同建构主义的知识观,即知识不是静态的结果,而是一种主动建构的过程。教师在教学中能够采用探究、讨论、实验、合作等多种教学活动形式,使学生与学习对象相互作用,使其主动认知、主动建构并获得充分发展。

教师把学生看作是自主的学习者,学生来到学校,不应是被动地接受知识,而应是主动地进行知识的建构。通过自主的知识建构活动,学生的创造力、潜力等得以发挥,情感态度、价值观得以陶冶,个性得以发展。

2. 教师教学方式的变化

"新课程"实施后,教师的教学行为正在逐步变化。教师在教学中能激发学生学习积极性,为学生提供从事探究活动的机会,指导学生自主探究与合作交流。

3. 教师评价方式的变化

评价是课堂教学中一个重要的环节。单一的量化评价手段,既不能引导教师注重每个学生的素质发展,又不能促使部分学习困难的学生在学习中找到自信。目前,教师对学生的学习呈多样化态势。

在教学过程中,教师要关注每一个学生,及时发现并挖掘学生的闪光点。在这种理念下,教师要将评价的主动权交给学生,让他们展开自评、互评。教师不仅注重学生知识的积累和掌握程度,更对学生身心各方面的素质发展进行评价,使学生能够正确地认识自己和评价他人,加深理解、沟通和包容,在相互交往中表现出尊重和信任,懂得分享成果。

(二)学生学习方式的变化

1. 教学中学生有独立思考的时间和空间

教师在课堂上少讲、精讲,留给学生更多的自主学习时间,把时间交给了学生,它的价值在于激活了每一个学生的思维,回应了学生的"给我一次机会,还你一个惊喜"的企盼。教育的本质是解放人,使人更自由,让人发挥出最大的潜能。因此,自主学习是"新课程"教学的追求目标之一。自主学习不仅可以培养学生的自主学习意识和学习能力,而且能使学生养成独立的人格和善于独立思考的习惯。

2. 课堂上师生平等对话,学生敢于质疑

课堂上建立民主平等的师生关系,学生作为独立的个体,根据自己的生活方式、性格特点、社会经验、知识水平去体会、去感悟,通过一题多解、不同角度观察、分析问题并形成一定的解答方法和技能,打破了统一答案、唯一答案的"学习标准"。学生敢想、敢说、敢问、敢演、敢答,张扬了学生的个性,激发了学生的潜在能力。

3. 课堂上实现师生互动、生生互动

课堂上每个学生可以尽情地展示自己或小组的学习成果,老师以平等的身份与学生互动,提高了学生学习的积极性和主动性。经过生生互动、师生互动,形成生生、师生间思维的碰撞,提升了学生乃至教师对教学内容的理解。更为重要的是,学生拥有了自信和快乐地学习的空间,其意义不只在于学习成绩和学习能力的提高,更在于有效地促进了性格的发展,进而形成良好的学习习惯,为学生的终身发展打下良好的基础。

4. 学生成为课堂教学的主角

课堂上教师放弃了权威的地位,把课堂还给学生,相信学生、依靠学生、发展学生,真正调动学生学习的积极性,让学生的脑、手、口、眼都动起来。学生学习既有自主、自悟、自结,又有合作交流,学生相互启发、共同探究,学会学习,成为学习的主人。

二、教学活动中存在的问题

"新课程"所蕴含的教育理念反映了当今经济全球化、文化多元化、社会信息化的特点,体现了世界教育发展的趋势,折射出了人们对美好未来的追求。新课改的核心是新课程理念的落实,把国家的意志变为千百万教师的教学行为,这是新课程成功的关键。

没有课堂教学行为的变革,就没有新课程的实施。课堂是实施新课程的主阵地。

我们需要反思课堂教学。什么样的教学是符合新课程要求的?新课程该怎样往下走?什么是教学的有效性?我们又该如何使我们的教学更有实效,从而达到高效呢?我们的课堂教学与新课程的要求还有很大的距离,特别是教师的课堂教学行为还有很大的提升空间。

课堂教学存在的主要问题有以下几个方面:

1. 课堂上教师讲得太多,学生的主体性被忽视

在教学中,教师要处理好讲授与学生自主学习的关系,注重启发学生积极思考;发扬教学民主,当好学生数学活动的组织者、引导者、合作者。

然而,在教学中教师由传统的"一讲到底"变为"一问到底",其实质是学生仍然在教师的牵制下,按教师设计好的问题亦步亦趋地被动学习。其根本原因是教师传统观念根深蒂固,固有的习惯很难改变,总觉得有些地方不讲不行,怕学生不理解,本来提出一个问题就完全可以让学生有话可说,可教师却把它割裂成几个简单问题,一问一答,让学生跟着教师走。

2. 课堂上教师不能关注全体学生,使得教学效果不理想

在教学中要面向全体学生,关注学生的个体差异。对学习有困难的学生,教师要给予及时的关注与帮助,鼓励学生主动参与数学学习活动,要及时地肯定他们的点滴进步,耐心地引导他们分析产生困难或错误的原因,并鼓励他们自己去改正错误,从而增强学习数学的兴趣和信心。

然而,课堂上教师的目光更多的是投向那些学习成绩较好的学生,

学困生则被忽视,不能真正调动学困生的学习积极性。学生参与课堂教学是有效教学的前提,教学中教师必须面向全体学生,关注不同层次的学生,充分调动学生的学习积极性,使不同层次的学生都能参与到教学中来。

3. 部分教师不注重知识的形成过程

在教学中展现"知识背景—知识形成—揭示联系"的过程,有利于激发学生的学习兴趣,理解数学实质,提高思维能力,了解知识之间的联系。

然而,在教学中,部分教师认为让学生经历知识的形成过程很浪费时间,所以,对新知识简单处理,匆匆而过,造成学生对数学知识的机械记忆和单纯模仿。

4. 课堂教学活动形式化、表象化

当前的教学活动较多的是散漫的、随意的、肤浅的、局限于表层的活动,缺乏明确的目的,有的从表面上看学生是动起来了,小组合作学习也开展起来了,课堂气氛也很活跃。但仔细观察便会发现,这些活动只停留在形式上的热闹,没有真正激发学生深层次的思考,仿佛有了这些形式就是实施新课程了。

随着课程改革的发展,新课改的理念已经能够被广大教师所接受,但由于教师对教学实质把握不准,在新课程实施过程中出现了对新课程理念理解的表象化、操作的形式化的现象,这些现象折射出课堂教学改革的缺憾。

第三节 对数学教学的正确认识

针对教学中的低效甚至是无效的现状,如何在教学中追求实效、提高课堂有效性成了课程改革的核心问题,教学的有效性作为现实问题也就成为我们每一位教师必须研究的课题,为此我们必须正确认识数学教学。

一、数学教学目标

科学合理地确定教学目标是进行课堂教学设计时必须正确处理的首要问题。明确具体的教学目标对教的方式以及学的方式起着决定和制约作用。教学目标是教学双方活动的准绳,更是衡量教学质量的尺度。

(一)制定教学目标的重要性

制定教学目标是数学课堂教学设计的第一步,是教师完成教学任务所要达到的要求或标准。

这里有一个问题需要注意,那就是如何处理教学内容分析与教学目标设计两项工作顺序的关系。从理论上来说,是先确定教学目标,然后分析教学内容。但在深入编写具体教学目标时,如果对具体的内容没有确切的把握,不了解学生的起点水平,目标编写会有困难。因此,实际的做法是,分析教学内容、学情之后,再编写教学目标。

(二)教学目标的分类

20世纪50年代,以布卢姆为首的一个委员会公布了认知领域的教育目标分类。

1. 认知领域目标分类

认知领域教育目标根据学生掌握知识的深度,由低级到高级分为知识、领会、运用、分析、综合和评价6级水平。

(1)知识。知识指对先前学习的材料的记忆。

(2)领会。领会比知道高一级水平,指能把握材料的意义。要求问题情境与原先学习的情境有适当变化。例如,可以用自己的话重述导数的定义,或会求较简单的函数,如一次函数、二次函数在某点的导数等。

(3)运用。运用理解的标志指能将习得的材料应用于新环境,主要指概念和原理理解的运用。

(4)分析。分析指单一概念和原理的运用。分析要求综合运用若干概念和原理,能分析材料结构成分并理解其组织结构。

(5)综合。综合比分析高一级,指能将部分组成新的整体,需要利用已有概念和规则产生新的思维产品。如在已知内、外函数导数的基础上,能推导出复合函数求导公式,综合应用求导公式等。

(6)评价。评价指依据准则和标准对材料做出判断,是最高水平的认知学习结果。如能认识到求导方法或微分的方法是我们通过函数局部性质来认识整体、通过近似来认识精确、通过直线认识曲线的基本方法。

2. 情感领域的目标分类

人的情感是学校教育的一个重要组成部分,但是,人的情感反应更多地表现为一种心理内部过程,具有一定的内隐性。所以,情感领域的学习目标不易设计。克拉斯伍在1956年依据价值内化的程度,将这一领域的目标由低到高共分5级。

(1)接受。接受是情感的起点,指学生愿意注意特殊的现象或刺激。例如,认真听课、看书、看课件等。从教的方面来看,其任务是指引起和维持学生的注意。

(2)反应。反应指学生主动参与。处于这一水平的学生不仅注意某种现象,而且以某种方式对它做出反应。例如,参加小组讨论、回答问题、完成教师布置的作业等。

(3)评价。评价指学生将特殊的对象、现象或行为与一定的价值标准相联系,包括接受某种价值标准,偏爱某种价值标准和为某种价值标准做奉献。例如,学生被欧拉从事数学研究的百折不挠的精神感动,能够和自己的学习相比较,见贤思齐,产生了向欧拉学习的想法。再如,学生在数学学习中体会到数学是严谨的科学,言必有据,从而受到学科的熏陶,认为平时做事、做人也要诚实,来不得半点虚假。

(4)组织。组织指学生遇到各种价值观念时,将价值观念组织成一个系统,对各种价值观加以比较,确定它们之间的相互关系和重要性,接受自己认为重要的价值观,形成个人的价值观念体系。例如,当班里有同学问自己问题时,是给同学讲解问题,还是由于忙于作业,而不理会同学。再如,放学后,是先完成作业还是先玩会儿等。

(5)个性化。个性化是情感教育的最高境界,是内化了的价值体系变成了学生的性格特征,即形成了自己的人生观、世界观。达到这一阶段后,行为是一致的和可预测的。例如,良好的学习习惯、谦虚的态度、乐于助人的精神等。

克拉斯伍的情感学习目标启示我们,情感教学是一个价值标准不断内化的过程。外在的价值标准要变成学生内在的价值必须经历接受、反应、评价、组织等连续内化的过程。我们的数学教学要重视学生的情感培养,有效实现各类教学目标。

3. 动作技能领域目标分类

辛普森等将动作技能教育目标分成7级。

(1)直觉。直觉指运用感官获得信息以指导动作。例如,学生在课堂上,看老师在黑板上示范用描点法画反比例函数的图像:列表、描点、连线。

(2)定向。定向指对稳定的活动的准备,包括心理定向、生理定向和情绪准备。例如,学生看到老师画图像,自己也想画函数图像。

(3)有指导的反应。有指导的反应指复杂动作技能学习的早期阶段,包括模仿和尝试错误。例如,学生在老师的指导下,开始学习:列表、描点、连线,画出反比例函数的图像。

(4)机械学习。机械学习指学生的反应已成为习惯,能以某种熟练和自信水平完成动作。例如,学生能够独立画出反比例函数的图像。

(5)复杂的外显反应。复杂的外显反应指包含复杂动作模式的熟练动作操作。操作的熟练性以迅速、精确和轻松为指标。学生能非常迅速地描出几个特殊点,画出反比例函数的图像,函数的基本性质(单调性、对称性等)没有错误。

(6)适应。适应指技能的高度发展水平,学生能修正自己的动作模式以适应工具条件或满足具体情境的需要。例如,学生能根据给出的反比例函数与工具画函数图像。

(7)创新。创新指创造新的动作模式以适合具体情境,强调以高度发展的技能为基础的创新能力。

(三)教学目标的陈述

习惯上,我国教师教案中的教学目标关注知识与技能维度较多,一般都用"了解""理解""掌握""运用"等词语表述,岂不知这些词语所表达的教学意图是含糊的。为了让教学目标更加具体,应按照当下的教学内容进行陈述,具体说明经过本节课的学习,学生会有哪些进步,从而为有效教学和检查学习效果提供依据。例如,"两角差的余弦公式"一节的教学内容有:情境引例、两角差公式的探求、利用两角差的余弦公式求两角差的余弦值。教学目标是:①了解两角差的余弦公式的推导过程;②掌握两角差的余弦公式。

其实,这节课的引例指明了学习两角差的余弦定理的必要性,如果从数学结构的角度来认识,就是处理角的加、减运算与三角函数的顺序问题,教材采用的推导方法是向量法,目的是前面学习了向量的知识,这一节有较大的体会向量方法应用的意图:两角差的余弦公式的掌握也仅仅是利用公式直接求解两角差的余弦。所以,按照布卢姆的教学目标分类来说明的话,这节课结果性的教学目标具体是:①继前面对于向量的认知应该达到综合程度;②对于两角差的余弦定理的学习达到初步运用的程度;③对于数学研究问题的方式方法的认识达到组织的程度。用含糊其词的方式陈述教学目标会妨碍目标导学、导教、导评价功能的实现。这里介绍一下克服教学目标含糊性的陈述方法与陈述维度。

1. 教学目标陈述方法

(1)马杰的行为目标陈述法。马杰于1962年根据行为主义心理学提出行为目标的理论技术。用马杰的教学目标陈述方法来编写教学目标就使教学目标具体而明确、具有可观察性、可测量性。例如,"掌握两角差的余弦定理"可以用行为术语陈述的目标是:①学生能完全独立地推导出两角差的余弦定理;②能够认清元理在特殊条件下的变式与特例,如 $\cos(\alpha+\beta)=\cos[\alpha-(-\beta)]$,$\cos(-\alpha)=\sin\alpha$;③能够正确计算出两角差的余弦的值。

在教学目标的陈述中,行为的表述是关键。描述行为的基本方法是使用一个动宾结构的短语,行为动词说明学习的类型,宾语说明学习的内容。一般来说,学习内容比较明确,容易掌握,困难的是行为动词的使用。表1-1对认知领域每一类水平的目标提供部分行为动词,供参考并灵活使用。

表 1-1　认知领域每一类水平的目标的部分行为动词

教学目标	特征	行为动词
了解	对信息的回忆	为……下定义、列举、说出……的名称、背诵、辨认、回忆、描述、标明、指明
理解	用自己的语言解释信息	分类、叙述、解释、鉴别、选择、转换、区别、估计、引申、归纳、举例、说明、猜测、改写
掌握	将知识运用到所学的情境中	运用、计算、阐述、解答、证明、比较、判断
灵活运用	将知识运用到新的情境中	分析、综合、归纳、总结、评析、编写、设计、创造

(2)内部过程与外显行为相结合的目标陈述法。认知心理学家认为,学习的实质是内在心理的变化。为了使这些内在变化可以被观察和测量到,还需要列举反映这些内在变化的行为样品。例如,"理解两个集合的并集与交集的含义"这个教学目标,可以这样陈述:①用自己的话正确表达交集与并集的含义;②能正确画出韦恩图,并根据图式正确地表述集合 A,B 与 A∪B,A∩B 之间的关系;③求解两个集合的并集与交集时,能够根据实际意义进行有序的思考。

(3)表现性目标。教师也很难预期一定的教育活动后学生的内在心理过程将会出现什么变化,所以编写情感目标是十分困难的。艾斯纳(E. W. Eisner)提出了表现性目标,将学生的言行看成思想意识的外在表现,然后通过学生可以观察到的言行表现,间接地判断是否达到教学目标。例如,教学目标是"提高数学学习兴趣",学生是否有学习兴趣不好直接测量,我们只能从学生数学学习的表现中观察到:课堂上认真听讲;踊跃回答问题;积极思考;愿意解决数学难题;经常与同学讨论数学问题;完成作业质量高;经常向老师请教;喜欢提出问题。需要说明的是,这种目标只能作为教学目标具体化的一种可能的补充,教师千万不能依赖这种目标。

(4)整体教学目标陈述。每一节课的教学目标是由单一教学目标构成的一个教学目标体系,我们不仅要正确地设计每一条教学目标,还要合理地设计出整节课的教学目标体系。

课堂教学目标体系的陈述一般有两种方法：

①并列式，即将教学目标按知识与技能，过程与方法，情感、态度与价值观这三个方面分类进行陈述。

②融合式，即将教学目标不按知识与技能，过程与方法，情感、态度与价值观这三个方面分类进行陈述，而是综合表述。

2. 教学目标陈述维度

（1）知识与技能。这一维度指的是数学基础知识和基本技能。按照我国教师的书写习惯，何小亚在《中学数学教学设计》一书中将知识与技能目标的四个层次界定为：了解、理解、掌握和综合。

"了解""理解""掌握"都是针对某一具体数学知识而言的。"综合运用"则强调综合运用各种知识来解决问题。需要强调的是，"掌握"是以理解为前提的单个知识的运用水平，那种会套用而不理解的水平不属于"掌握"水平。

（2）过程与方法。这一维度指的是学习数学知识产生、发展与应用的思维过程，把握数学知识所隐含的数学思想方法，优化数学思维品质，发展数学意识，提高问题解决能力。

知识与技能目标的要求分成两个水平：一是经历（模仿），这一水平的目标表述中常用的行为动词是：经历、观察、感知、体验、操作、查阅、借助、模仿、收集、回顾、复习、参与、尝试。二是发现（探索），这一水平的目标表述中常用的行为动词是：设计、梳理、整理、分析、发现、交流、研究、探索、探究、探求、解决、寻求。

（3）情感、态度与价值观。这一维度的情感指的是学生在数学学习活动过程中的比较稳定的情绪体验，数学态度是指学生的数学学习兴趣、学生对数学具体内容的态度以及对整个数学学科的态度，价值观指学生对数学的科学价值、应用价值、文化价值的看法，对数学美的看法以及辩证法上的认识等。

情感、态度与价值观目标的要求分成两个水平：一是反应（认同），这一水平的目标表述中常用的行为动词是：感受、认识、了解、初步体会、体会。二是领悟（内化），这一水平的目标表述中常用的行为动词是：获得、提高、增强、形成、养成、树立、发挥、发展。

二、数学教学任务

在数学教学过程中,教学内容集中体现在《义务教育数学课程标准(2022年版)》和教科书中。教学内容的设计过程也就是教师认真钻研课程标准、教科书,选择、组织教学内容的过程。这需要教师对教学内容进行再加工和序列化组合。

对任务分析的步骤,心理学界有以下共同看法:

(一)确定学生原有的数学基础

在进入新的学习单元或学习课题时,学生原有的学习习惯、学习方法、相关知识和技能对新的学习的成败起着决定性作用。

确定学生起点能力的方法有很多,一般情况下,学生的作业、小测验、课堂提问、观察学生的反应等方法都可以被教师用来了解学生的原有知识基础。在一个教学单元结束以后,也可以对照单元教学目标进行单元测验。按照"掌握学习"的原则,达到每个教学单元85%的教学目标后,才能转入下一单元的学习。同时,我们要注意到,很多情况下,一个教学单元的重点目标达到的同时也构成下一个教学单元的起点,在教学设计中必须强调针对教学目标的测量,并诊断目标实现的程度。

(二)分析使能目标及其顺序

从起点能力到终点能力之间,学生还有许多知识、技能尚未掌握,而掌握这些知识、技能又是达到终点目标的前提条件。这些前提性知识、技能被称为子技能,以它们的掌握为目标的教学目标被称为使能目标。下面以"比较线段的长短"的教学为例,说明构成该目标的使能目标及其层次关系。

如果我们的目标是给出任意两条线段,学生都能比较它们的长短,要完成此项任务,必须先达到以下目标,即知道:

(1)两点之间的所有连线中,线段最短。(规则学习)

(2)两点之间线段的长度,叫作这两点之间的距离。(概念学习)

(3)用圆规作一线段等于已知线段(圆规张开的两脚间的距离是线

段的长度)。(规则学习)

(4)把线段放在同一直线上比较(起点相同,终点在起点的同侧)。(规则学习)

(三)分析支持性条件

支持性条件基本上有两个:一是学生的注意或学习动机的激发,学生的唤醒水平高,注意力高度集中,可以加速新的能力的形成。二是学生的认知策略,学生理解两点之间线段最短,用两点之间这个唯一的最短距离定义两点之间的距离,圆规张开的两脚之间的距离是其间线段的长度,这些组成成分可以促进新能力的习得。

三、数学教学对象

数学教学对象分析即学生分析,学生分析是教学设计过程中的一个重要步骤。不同的学生具有不同的学习态度、起始能力、已有知识和个性特征,这些能力和特征直接或间接地影响着学生的学习效果。教学对象不同,教学起点也不同。学生分析主要是指对教学决策起重要作用的那些学生的心理因素进行深入分析。

学生认知特征分析也称一般特征分析,是指学生在从事新的学习时,现有的心理发展水平对新的学习的适应性,具体包括认知水平、认知风格、智力特征及自我调节能力。

认知水平和智力特征从心理与认知发展阶段的角度判断学生的现有认知能力,认知风格(学习风格)是指对学生感知不同刺激,并对不同刺激做出反应这两个方面产生影响的所有心理特性。作为个体稳定的学习方式和学习倾向的学习风格,源于学习者的个性,是学生的个性在学习活动中的定型化、习惯化;而自我调节能力则是一种元认知能力,是学生监控和调节学习过程的重要能力表现。

(一)学生的认知水平

现代数学教育把发展学生的思维提到了相当高的地位,形象地把数学比喻为"思维的体操"。要分析学生的认知发展水平,一般都要引用皮亚杰的认知发展阶段论。

皮亚杰认为个体从出生到儿童期结束,其认知发展要经过四个时期。

1. 感知运动阶段(0～2岁)

处于这一时期的儿童主要是靠感觉和动作来认识周围世界的。他们这时还不能对主体与客体做出分化,因而"显示出一种根本的自我中心化"。儿童在这个时期还没有达到预演水平,他们所具有的只是一种图形的知识,图形的知识依赖于对刺激形状的再认,而不是通过推理产生的。

2. 前运算阶段(2～7岁)

这个时期的儿童的认知开始出现象征(或符号)功能(如能凭借语言和各种示意手段来表征事物)。正是由于这种消除自我中心的过程和具备象征功能,才使得表象或思维的出现成为可能。在这个阶段,儿童还不能形成正确的概念,他们的判断受直觉思维支配,还没有预演的可逆性、守恒性。

3. 具体运算阶段(7～11岁)

这个阶段的儿童具有运算知识的能力,能在一定程度上做出推论,儿童的思维已具有可逆性和守恒性,但这种思维预演离不开具体事物的支持。

4. 形式运算阶段(11～12岁)

儿童在12岁左右开始不再依靠具体事物来运演,而能对抽象的和表征性的材料进行逻辑运算。形式运算阶段的主要特征是他们有能力处理假设,而不只是单纯地处理客体。这时的儿童已有能力将内容和形式分开,用运演符号来替代其他东西。

皮亚杰在进行上述年龄阶段的划分时还认为:①认知发展的过程是一个结构连续的组织和再组织的过程,过程的进行是连续的,但它造成的后果是不连续的,故发展有阶段性;②发展阶段是按固定顺序出现的,出现的时间可因个人或社会变化而有所不同,但发展的先后次序不变;

③发展阶段是以认知方式的差异而不是以个体的年龄为根据。

因此,阶段的上升并不代表个体的知识在量上的增加,而是表现在认知方式或思维过程品质上的改变。皮亚杰强调,各阶段出现的一般年龄因个人的智慧程度或社会环境的不同可能会有差异,但各个阶段出现的先后顺序不会变。

认知发展阶段论到儿童期结束,无法作为分析中学生数学认知的规律,下面根据数学思维发展水平理论来阐述。

思维是人脑对客观事物的本质和规律的概括的和间接的反映。概括性和间接性是思维的两个基本特征。思维之所以能揭示事物的本质和内在规律性关系,主要来自抽象和概括的过程,即思维是概括的反映。所谓概括的反映是指以大量的已知事实为依据,在已有经验的基础上,舍弃个别事物的个别特征,抽取它们的共同特征,从而得出新的结论。在数学学习中,学生的许多知识都是通过概括认识而获得的。没有抽象概括就没有思维,概括水平是衡量思维水平的重要标志。

初中学生的数学思维发展处于经验型抽象思维阶段,其思维的发展具有两个特点:第一,抽象思维日益发展,并逐渐占相对优势,但具体形象思维仍然起着重要作用;第二,思维的独立性和批判性有了显著发展,这一思维下的学生往往喜欢争论问题,不随便轻信教师和书本的结论。当然,初中生思维的独立性和批判性还很不成熟,很容易产生片面性和表面性,这些缺点是与他们的知识、经验不足相联系的。

(二)学生的认知风格

对于教学设计来说,之所以要对学生的学习风格进行分析是基于这样一个假说:当教学策略和方法与学习者的思考或学习风格相匹配时,学习者将会获得更大的成功。因此,学习风格的分析被称为有效教学设计的重要步骤,了解学生在认知风格和方式上的差异,对于教师根据学生特点进行因材施教有重要意义。学习者的认知风格也称为认知方式、认知模式或者学习风格,是指个体在信息加工过程中表现在认知组织和认知功能方面持久一贯的特有风格。

测定学习风格的方法一般有三种。一是观察法,即通过教师对学生的日常观察来确定。这种方法适合于年龄较小的学生,因为他们对自己的学习风格不太了解,所以在回答问卷或征答表示时会感到困难。

不过,这种方法的缺点是教师很难一一观察到每一个学生的学习风格。二是问卷法,即按照学习风格的具体内容设计一个调查量表,让学生根据自己的情况来填写。这种方法的优点是可以给平时还没有注意到自己某些学习风格的学生提供一些线索,启发他们正确地选择答案;缺点是问卷中的题目不可能设计适合全体学生的学习风格。三是征答法,让学生来陈述自己的学习风格。这种方法的好处是学生可以不受具体问题的限制,从而更能体现出自己的特点;缺点是如果不能把学习风格的概念准确地向学生讲清楚,那么学生的陈述就有可能不在学习风格的范围之内。

(三)学生的智力特征

智力是指人认识、理解客观事物并运用知识、经验等解决问题的能力,它包括观察、思考、记忆、想象等。智力不是天生的,教育和教学对智力发展起着主导作用。因此,智力水平与特征也成为教学设计过程中学生分析的重要内容。加德纳的多元智能理论与斯滕伯格的成功智力理论从个体差异而非智力高低出发,为教学设计及实施提供了重要的理论支持。

加德纳认为"智能是多元的",每个人都不同程度上拥有八种智能,智能之间的不同组合表现出个体间的智力差异。加德纳的八种智能为:言语、音乐、逻辑、视觉、身体、自我认识智能、人际交往智能、自然智能。加德纳的多元智能理论为我们提供了一个全新的视角去审视我们的学生,即每个学生的智力都没有高低之分,有的只是组合方式的差异和表现形式的不同。个体智力的发展受到环境因素(包括社会环境、自然环境和教育条件)的影响。

第四节 数学课程简述

数学课程是数学教育研究的重要内容,也是一般课程领域的重要分支,其研究既从属于课程的一般理论,又具有数学学科自身的特点。它的许多基础性概念可以从一般课程理论中得到启发。

数学课程的含义中课程是课程与教学论的核心概念。虽然许多中外学者长期致力于课程研究,但由于每个人的认识角度不同,关于课程的定义仍然莫衷一是。

施良方先生曾对中外各种课程的定义进行了归纳,得出了六种不同类型的定义:①课程即教学科目,并有广义和狭义之分。广义的课程指学生学习的全部学科;狭义的课程指某个单一的学科,如数学课程。②课程是有计划的教学活动。③课程是预期的学习结果。④课程是学习经验。⑤课程是社会文化的再生产。⑥课程即社会改造。这些定义是由于各个学者所处的学术背景不同以及对社会、知识、教育、学校持有不同观点而产生的。

顾明远先生在其主编的《教育大辞典》中把课程定义为,是实现学校教育目标而选择的教育内容的总和。显然,这个定义包括了学校教育的各种类型的活动和内容,是一个广义的定义。

由于课程概念的众说纷纭,将其推演到数学学科也会产生不同的数学课程概念。比如,数学辞海将"数学课程"定义为,数学学习的内容、范围和进程,是经过组织的具有学科目的的教育内容。此定义强调的是课程是学问,课程是教学计划,课程是预期的学习结果,表明了数学课程的计划性、客观性和动态性。

数学课程是为实现学校数学教育目标而选择的教育内容的总和。这可以从如下几个方面来理解:

(1)客观性。数学课程是一种外在于学习主体的客观存在,其主要内容是数学的概念、原理与规则、方法和思想,是人类思维创造的成果。同时,数学课程也具有主观性,因为它是经过课程编撰者选择、组织起来的一种知识体系和活动体系。选择哪些知识、如何组织这些知识具有一定的主观性和创造性,从而体现了编者的专业修养。因而,同一个课程会表现出不同风格上的差异。

(2)目的性。数学课程是实现学生身心全面发展的一种手段,具有明确的目的指向。正因为如此,从教育角度而言,并非所有的数学科学内容都适合列入学校数学课程。列入学校数学课程的内容虽然具有自身的逻辑结构,但必须与相应学段的学生的身心发展规律相适应,实现数学科学与学生身心发展的有机统一,忽视任何一方的做法都是不可取的。

(3)动态性。作为师生共同活动的对象,数学课程可以通过认识和实践而转化为个体经验。数学课程不仅包括课程的静态内容,还包括课程的动态过程和方法。学生通过数学课程的学习,有了一定的认识,从而掌握知识与技能,形成某种情感与态度,使外在的、现实的数学转化为内在的、带一定认知风格特征的数学现实。

（4）教育性。数学是一种比较抽象的知识体系,不同阶段的学生在认识和理解它们时都会存在一定的难度。因此,在义务教育阶段,学校数学课程必须通过编者的努力,进行某种再创造(教学法加工或数学上加工),把数学科学的学术形态转化为教育形态,成为一种适合展开教育活动的内容和形式,从而实现数学课程的目的。

数学课程可以有不同的类型。比如,学校数学是一种学科课程,这是相对于其他的学科课程,如物理、化学、生物等学科;学校数学也是一个显性课程,这是相对于日常生活或社会活动中广泛存在的数学知识和技巧;学校数学还是一种分科课程,此时,它相对独立,呈现出一种与其他学科知识相分离的状态。学校数学是一个必修课程,因为它是人类个体成长和发展过程中必须要学习的一个科目。在不同年龄阶段、不同时间节点,根据不同的目的和要求,我们还可以将它组织成一种情境化的活动课程,或组织成为一个综合课程(比如数与代数、空间与图形、统计与概率的混合编排)。

可以说,每一种课程形态都指向于不同的学段、不同的教育对象、不同的教育场景以及不同的教育目的,从而体现了不同的教育主张和教育思想。从现实教育活动看,正是因为数学课程有如此丰富的形态,也就使得数学学习的形式变得多样化,从而使教育活动富有更多的情趣性和美感。

第五节 初中数学课程的性质与理念

一、初中数学课程的性质

《义务教育数学课程标准(2022年版)》指出:义务教育阶段的数学

课程是培养公民素质的基础课程,具有基础性、普及性和发展性。初中学段是义务教育的重要阶段,因此,初中数学课程具有基础性、普及性和发展性。

1. 基础性

基础性主要指初中阶段的数学课程是学生全面发展的重要基础,主要表现在以下两个方面:

(1)数学素养是每个公民的基本素养,初中阶段的数学教育将为学生后续生存、继续深造、终身发展奠定重要的基础。

(2)由于数学科学是其他学科的基础,因此,数学课程内容也是学生在初中阶段学习其他课程的必要基础。

2. 普及性

初中阶段的数学课程的普及性表现在两个方面:

(1)从受教育对象来看,每一个适龄少年在义务教育初中阶段依法享有接受数学教育的机会,使初中数学课程在每个适龄少年中得到广泛普及。

(2)从数学课程内容来看,初中数学课程要面向全体学生,使学生通过自己的努力掌握必备的数学基础知识和基本技能,培养学生的抽象思维和推理能力,培养学生的创新意识和实践能力,培养实事求是的态度和锲而不舍的精神。

3. 发展性

对数学的育人功能和教育价值两方面分析,不难发现,数学教育在促进学生全面发展的过程中发挥着重要作用。通过数学教育,不仅是为了让学生掌握现代生活和学习所需的数学知识和技能,更是为了培养学生的逻辑思维能力、创新能力以及知、情、意的全面发展。

二、初中数学课程的基本理念

通过数学课程的基本理念可以分析出人们对数学课程的理解,以及对数学课程内容、设计、实施和评价等方面的认知。在制订和实施数学课程时都应以数学课程的基本理念为依据。课程标准的价值取向、基本理念、目标要求及内容标准应该对教师的教学产生重要影响,并成为教师课堂教学的基本依据。

(一)课程目标

义务教育阶段的数学教育不是精英教育而是大众教育,是人人受益、人人成长的教育,因此,数学课程应致力于实现义务教育阶段的培养目标,要面向全体学生,适应学生个性发展的需要,使每个学生都能获得良好的数学教育,不同的学生在数学上得到不同的发展。

(二)教学过程

第一,师生之间的教与学的活动具有更高层次的意义和价值,是一种对共同理想和价值观的追求,更是一种相互学习、取长补短、教学相长的过程。

第二,教学活动是师生积极参与、交往互动、共同发展的过程。有效的教学活动是学生学与教师教的统一。学生是学习的主体,强调了一切教学活动都应围绕学生而进行,学生在学习中起着至关重要的作用。教师是学习的组织者、引导者与合作者。

第三,数学教学活动应激发学生的兴趣,调动学生的积极性,引发学生的数学思考,鼓励学生的创造性思维;要注重培养学生良好的数学学习习惯,使学生掌握恰当的数学学习方法。

学生学习应当是一个生动活泼的、主动的和富有个性的过程。除接受学习外,动手实践、自主探索与合作交流同样是学习数学的重要方式。学生应当有足够的时间和空间经历观察、实验、猜测、计算、推理、验证等活动过程。

(三)学习评价

学习评价的主要目的是全面了解学生数学学习的过程和结果,激励学生学习和改进教师教学。应建立目标多元、方法多样的评价体系。评价既要关注学生学习的结果,也要重视学习的过程;既要关注学生数学学习的水平,也要重视学生在数学活动中所表现出来的情感与态度,帮助学生认识自我、建立信心。

(四)信息技术运用

信息社会的标志是以电子计算机为核心的信息革命,随着我国教育信息现代化进程的加速,多媒体、校园网、互联网、上网终端等成为大多数学校的基本设施。当前,现代信息技术与数学课程内容的整合突出体现在以下几个方面:信息技术与数学课程内容的有机融合;信息技术与数学课程实施的有机融合;信息技术与数学课程学习方式的有机融合。

第六节　初中数学课程内容的选择与编排

课程内容的选择与编排,是课程研究的重要问题,它不仅关系到培养人才的质量,而且直接影响着培养目标的实现。

一、初中数学课程内容的选择

初中数学的课程内容取自数学科学,但数学科学的知识成果如此丰富,绝非学生在校期间所能学完,这就提出了课程内容的选择问题。

数学课程内容是课程标准的具体体现,因此数学课程的内容必须按照课程标准的要求进行选取。为了能够更加有效地落实数学课程目标,初中数学课程内容的选择要遵循以下原则:

(1)课程内容的选择应当体现数学知识的基础性。数学知识的基础性包括两方面的含义:一是对于基础教育阶段的学生而言是基础的,应是学生能掌握的,而且也是社会生活中所必需的;二是对于数学学科而言是基础的。

选取的课程内容在理论上、方法上、思想上都应是最基本的,是学生适应未来社会生活和进一步发展所必需的重要数学知识。课程标准中列出了8种数学思想:归纳、演绎、抽象、转化、分类、模型、数形结合、随机。在这8种数学思想中,最重要、最基本的是前两个,即归纳和演绎。未来的中学教学应更好地考虑三部分内容:①代数、函数与微积分;②几何,包括二维几何与三维几何、综合几何与解析几何;③离散数学,包括概率、统计、图论、组合数学等。

(2)教学素材应贴近学生的生活现实。数学与生活密不可分,数学中的许多知识点都有"生活"基础,数学来源于实际生活,产生于现实需要,反过来又服务于我们的实际生活。因此,数学课程的内容一定要充分考虑数学发展进程中人类活动的轨迹,所选的素材要贴近学生的现实生活,要注意广泛性、鲜活性,还要做到"与时俱进"。这些素材可来源于学生的实际经验,可以涉及国计民生、城乡建设、资源开发、环境保护、科技进步等重大课题,也可以联系工农业生产、市场经济、文艺体育、工艺美术、语言文字、衣食住行等社会生活的方方面面,甚至与测绘、物理、生物、医学、天文、地理、考古、计算机等学科知识密切相关的材料也可以作为教材的素材。总之,数学课程的内容一要反映社会的需要,二要体现数学学科的特点,三要符合学生的认知发展规律。

数学中有大量的概念和运算法则,在呈现它们时,我们力求从学生的实际出发,选取学生熟悉而又感兴趣的素材导入学习主题,这样就能为他们提供观察、思考、操作的机会,使他们有更多的机会从周围熟悉的事物中学习数学和理解数学,从而体会到数学就在自己的身边,感受到数学的趣味和作用、数学与现实生活的联系,体验到数学的魅力,逐步树立起"数学生活化""生活即数学"的观点。

(3)数学课程内容的选择要体现数学的文化价值。数学文化作为人类文化体系中的一个重要组成部分,由于具有自己独特的数学思想方法体系、数学语言体系和数学发展的动力体系等,所以数学文化构成了不同于其他文化的独特的体系。数学文化是人类智慧与创造的结晶,数学文化的历史以其独特的思想体系,保留并记录了人类社会在特定社会形态和特定历史阶段文化发展的状态。普遍认为数学文化体现着更多的人文精神,对于提高人的文化修养和文化品格起着重要作用。数学的理性精神为人类提供了科学观察、了解、分析、认识整个世界、整个宇宙的基本观点和方法,数学能使人求真、求善、求美。所以,数学文化在素质教育的发展中越来越重要。为了充分发挥数学课程的文化传播功能,数学教材的选材要做到:把数学文化定位于让学生通过数学学习了解数学的文化价值,知道数学与人类文化息息相关,让学生感受和体验数学文化,增强他们的数学文化修养,从而更全面地理解数学、应用数学;让学生学习数学家们对数学刻意追求的精神,增强学生对数学的兴趣,激发他们为创造人类文明而发愤学习的决心;通过数学课程内容的学习了解到数学发展的进程,体会数学的发生及发展过程。

(4)数学课程选取的内容应当具有一定的弹性和灵活性,以适应不同地区、不同学校办学条件的差异和学生个性化、多样化发展的需要。在按照课程内容标准编写必学内容的基础上,可以适当安排一些选学内容或选做的活动,以拓宽学生的知识面,发展学生的爱好和特长,培养学生的创新精神和探究能力。

(5)注重信息技术与课程内容的整合。目前,以计算机、多媒体和网络技术为标志的现代信息技术正在迅猛发展,这些信息技术的出现对传统的教学模式产生了巨大的冲击,CAI的出现引发了教育技术的深刻变革,现代信息技术对教育的价值、目标、内容以及学与教的方式都产生了积极的影响。因为多媒体技术具有生动直观、声像俱佳、动静皆宜的优势,正确合理地使用现代化教育技术手段,能为学生的学习和发展提供丰富多彩的教育环境和有力的学习工具;为学生的学习和发展提供探索复杂问题、多角度理解数学思想的机会,丰富学生数学探索的视野;可以帮助学生从中体验到形象与抽象的关系,较好地理解问题;能增强课堂教学的直观性、趣味性,从而提高课堂教学的有效性。

二、初中数学课程内容的编排

数学课程内容与结构确定以后,按什么样的体系编排,符合数学教学的客观规律,也是非常重要的问题。教材编排是按照纵向角度来设计课程内容。初中数学课程内容中所涉及的一系列知识和彼此相互联系的结构,是数学科学知识体系根据一定的教学法所形成的学科知识体系。

(一)数学课程内容编排体例的基本原则

在设计数学课程内容的编排体例时,要遵行下列基本原则:

(1)数学课程内容的编排要符合学生的认知规律与心理发展规律。初中生的思维发展规律是由具体形象思维到经验型抽象思维,再到理论型抽象思维。因此,编排课程内容时,要使数学内容的抽象程度与学生思维发展的各个阶段相适应,以促进学生心理的进一步发展为结果,因此,教材编排体例必须符合学生的认知规律与心理发展规律。

第一,教学内容应按照由浅入深、由直观到抽象的顺序呈现,要返璞归真、循序渐进,要符合学生的认知规律。特别是对于比较抽象的近现代数学知识,如集合、逻辑、微积分、概率等内容,应从感性到理性,由实践到理论再到实践。

第二,课程内容的编排应揭示数学知识发展、理解、掌握、应用的过程,尽量避免从理论到理论、从抽象到抽象的纯理论形式,一般由生活实例、直观模型、历史故事或典型例题引入新课题,通过对事物的比较、分析、抽象、概括去掌握概念与原理,再通过典型问题的解决,把数学知识应用于实际问题。

第三,学生学习的最大动力是自身的学习兴趣,因此教材中应兼顾到教学内容以及内容呈现形式的趣味性。例如,在可能的情况下,可穿插一些图示、趣题、悖论、实验以及生活中的数学等内容,以激发学生的学习兴趣。

第四,要考虑学生数学学习的阶段性。心理学研究结果表明,从十二三岁到十六七岁的学生,思维发展的过程一般是从具体形象思维到经验性抽象思维,再到理论性抽象思维,最后逐步产生辩证思维。因此,每一学习阶段教材内容的编排,应当与学生的认知结构、思维特点与年龄特征相适应。在初中阶段,学生的数学学习一般要经历下列五次转折与飞跃:从算术到代数;从代数演算到几何推理论证;从演绎几何到解析几何;从常量数学到变量数学;从确定性数学到随机性数学。数学教材内容的编排必须注意这些重大转折,并采取学生易于接受的编排方式引导学生顺利地实现转折,以帮助学生越过一个又一个的学习障碍。

(2)教材的编排要符合数学科学的基本特性。数学课程的内容来自数学科学,因此数学教材的编排体例必须具有数学科学的最基本特性。主要包括以下几方面的要求:第一,数学课程内容的编排必须具备逻辑性,即数学概念和命题的排列必须依它们赖以存在的思维顺序展开,尽可能突出几何、代数、微积分、概率统计各分支之间的相互联系,突出数学与其他学科的联系,突出各分支的应用,使前面知识的学习为后续知识学习提供必要的理论基础或相对具体的背景。第二,数学课程内容的编排应具备连续性。一方面,数学知识间的过渡应该连续,对于抽象水平较高的概念、原理和数学思想方法应采取逐级渗透的方式作统筹安排;另一方面,代数、几何与分析等学科内容之间,要有相对应的认知水平，使各科教材在同一时期有同一发展水平，在不同时期又有连续的发展。第三，课程内容的编排必须具备层次性，才能使教材成为一个前后相继的结构系统。按照奥苏贝尔的教材呈现方式逐步分化原则，数学课程必须首先安排最一般、最基本的概念和原理，然后逐步呈现其属概念和下位原理，这种编排就使教材具有工层次性。第四，课程内容的编排应体现统一性，即必须从整体上安排数学课程内容的体系，用统一的（特别是现代数学的）观点来处理各科内容。

（3）一体化原则。就课程、教材、教法的关系来说，一方面，课程计划是学校课程的总体规划，数学课程标准体现了数学课程的目标和要求，而数学教材作为数学课程内容编排的结果则是数学课程标准理念的具体化；另一方面，适宜的教学方法是贯彻数学课程要求，帮助学生掌握数学知识并形成数学能力的保证。因此，在安排教材内容时，就要充分考虑课程标准与教材内容组织、教学过程和教学方法的一体化问题，让学生经历数学知识的形成与应用过程，经历对数学问题的自主探索与合作交流，能够发现与理解数学之间的联系，提高解决问题的能力。

综上所述，数学教材的编排体例既要符合学生的心理发展规律与认知规律，也遵循学科内容的逻辑顺序，使学生的知识学习和认识水平，从一个高度发展到另一个新的高度。

（二）数学课程内容编排的两种体例

所谓课程内容体系，是指课程内容排列所展现的知识序列及知识间的内在联系。

1. 直线式编排体例

加涅的直线编排方式强调进行心理学的加工，将教学内容转化为一系列学习能力目标，然后按照这些目标的心理学关系把教学内容按等级排列，逐步推进。

直线式编排体例是把一门数学学科的课程内容或其中一个课题的内容按照知识本身的逻辑结构来展开，强调学科固有的逻辑顺序的排列。数学是具有明显学科结构的典型学科，因此传统的数学课程内容也多采用此种编排体例，特别是在平面几何部分，这种体例的优点在于节省教学时间，教学效率高，但不利于学生消化所学内容，不符合认识规律。实践证明,直线式编排的课程内容在抹掉了数学创造时那些不太严格甚至看起来很粗糙的数学活动后,虽然能满足数学科学严格性的要求,却也给学生的数学学习带来了很大的困难。

2. 螺旋式编排体例

螺旋上升式是一种循环编排课程内容的方式,就是依据学生的年龄特征及知识积累,在遵循科学性的前提下,按照繁简、深浅、难易的不同程度,使数学教材的基本概念和基本原理分层次地重复出现,每一次重复都将原有的知识进一步加深拓展、逐级深化。这种体系源于布鲁纳的《教育过程》,他认为课程应围绕学科的基本概念和基本原理来组织,并以螺旋上升的方式来展开。

编排数学教材,既要考虑数学自身的严谨性,也要考虑学生数学学习和认识发展的阶段性,对于重要的数学概念与思想方法的学习应当逐级递进、螺旋上升(但要避免不必要的重复),以符合学生的数学认知规律。

第二章　初中数学教学模式

教学模式是教学理论与教学实践相结合的产物,是教学理论应用于教学实践的中介环节和桥梁。在数学教学过程中,对于数学教学模式的研究是近年来教学改革中的一个热门话题,许多数学教师对数学课堂教学模式的改革与重建进行了大量的探索和研究,取得了一定的成效。从总体上说,大部分只是从一个方面、一定的范围以及特定的条件下对数学教学问题进行研究,因此对各种不同的教学方法、教学观念、教学模式进行深入系统的探讨和研究,具有重要的现实意义。

第一节　教学模式概论

一、教学模式的概念

教学模式是指在一定的教学思想、教学理论、学习理论指导下,在大量的教学实验基础上,为完成特定的教学目标和内容,围绕某主题形成的稳定、简明的教学结构理论框架及其具体可操作的实践活动形式。它是教学思想、教学理论、学习理论的集中体现。

教学模式与教学方法是有区别的,商继宗在《教学方法现代化的研究》中指出:"教学方法是指教师和学生在教学过程中,为达到一定的教学目的,根据特定的教学内容,共同进行一系列活动的方法、方式、步骤、手段和技术的总和。"教学方法包括教师教的方法和学生学的方法,是教师引导学生掌握知识技能、培养能力、促进身心健康的共同活动的方法。

此外，教学方法与教学模式的区别还主要表现在以下几个方面：

第一，模式不是方法，教学模式与教学方法不属于同一层次。教学模式是教学方法的进一步抽象，是教学方法的延伸与发展。

第二，模式内含着过程、程序、方法、策略等，远比纯粹的方法要丰富得多，甚至可以将教学模式理解为开展教学活动的一整套方法论体系。

第三，如果把教学方法看作是针对每一堂课的具体的、特殊的教学策略，那么教学模式是众多教学方法中抽象出来的具有较普遍意义，能用于不同课题的、可操作的教学策略。两者共同为教学目标的落实，为教学任务的完成而服务。

教学模式是教学理论与教学实践中的中介，是一定教学思想与教学规律的反映，能够指出教学的目标，规范师生双边活动，实施教学的程序应遵循的原则及运用时的注意事项。人们通常认为，美国学者乔伊斯、韦尔1972年合著的《教学模式》一书为开创教学模式的系统研究奠定了基础。

二、数学课堂教学模式的结构

构建新的数学课堂教学模式先要分析数学课堂教学模式的结构与特点，才能使构建的模式具有实用性。数学课堂教学模式的结构，是指构成课堂教学模式的诸要素及其相互关系，主要包括以下几个方面：

1. 理论基础

教学模式处于教育理论与实践操作的中介位置。每一种数学教学模式都是在一定的数学观、教育学、心理学、哲学、数学教育理论指导下建立起来的。数学课堂教学模式应满足六个方面的基本特征：

一是，教学对象——面向全体学生。

二是，教学目标——发展学生的整体素质。

三是，师生关系——民主、合作、互动。

四是，教学过程——主动、生动、活泼。

五是，教学方法——启发、内化、转化。

六是，教学环境——和谐、愉悦、共振。

2. 教学目标

任何教学模式都是为完成一定的教学目标而创立的,教学目标既是制约课堂教学程序、实施条件的因素,也是预期结果、教学评估的标准。数学教学目标是要促使学生的数学素质获得全面、充分、和谐的发展,综合地完成认知、发展和情感态度等方面的任务。

3. 操作程序

教学模式都有一套相对稳定的操作程序,这是形成教学模式的本质特征之一。数学课堂教学模式的操作程序说明每一步骤所要完成的任务,要明确指出教师先做什么,后做什么;学生分别做什么。操作程序不是一成不变的,而是可以根据具体情况变更运用顺序和增减程序的。

4. 实施条件

每一个教学模式都只有在特定条件下才有效。教学模式的实施条件一般包括教师、学生、教学内容、教学设备、教学时间与空间等因素。

5. 教学评价

评价是教学模式的一个重要因素,包括评价方法、标准。由于不同的教学模式完成的教学目标、使用的程序和条件不同,因而评价方法和标准也就不同。课堂教学模式一般要规定自己的评价方法和标准。教学评价是解释调节教师教学行为和学生学习行为的重要手段,也是对教学模式进行阶段性评估的重要依据。

三、数学课堂教学模式的特点

(1)简约性。数学教学模式要求用精练的语言、图式、符号表述,它比抽象的理论明确、具体。

（2）开放性。数学教学模式随着教育理论和教学实践的变化而发展，不是一个封闭体系，而是一个开放的系统。不同模式可根据具体的教学内容进行优化、组合。

（3）完整性。一个数学教学模式要反映模式结构的各个要素，不只是一个操作程序。

（4）独特性。数学教学模式应有其某种特色，与特定的目标、条件、适应范围、内容相关联。

数学教学模式既不排斥古今中外任何先进的数学教学理论和方法，也不拒绝和排斥广大数学教师在教学实践中积累起来的先进的教学经验和方法。只有将先进的教学理论与成功的教学经验相结合，才能孕育和产生出与数学素质教育宗旨相吻合的数学教学模式。

第二节　数学教学模式的分类

21世纪，数学模式教学开始进入中小学数学课堂。数学教学模式分类的方法是多种多样的，许多数学教育著作中都给出了自己的分类方法。

（1）讲授型模式。如讲授法、示范法、谈话法、作业指导法等。

（2）自学辅导型模式。如卢仲衡自学辅导法、自学议论引导法、变式自学辅导法等。

（3）引导探究型模式。如尝试指导法、效果回授法、引导探索法、尝试法、启研法、问题解决法、变式引导探究法、题组法等。

（4）情境讨论型模式。如发现型讨论法、发现法、情境问题法等。

（5）整体结构型模式。如按识记规律组织单元教学法、单元循环教学法、导学单元教学法等。

模式的分类没有统一的标准，随着数学教学的改革与发展，在不同的时期其分类是不同的。只要能够在课堂教学中取得好的教学效果，都是可以尝试的教学模式。

第三节　常用初中数学教学模式介绍

教师应熟悉并掌握一些常见的教学模式,这样在碰到不同的课堂教学内容时才能灵活运用(或设计)适合这节教学内容的教学模式,使课堂教学效果达到最佳。

一、讲练结合模式

讲练结合模式是数学教学中常用的一种教学模式,它具有传授数学基础知识、数学基本技能和培养数学基本能力的功能。

讲练结合模式的教学结构为:

复习旧知识→讲解新课→巩固练习→小结→布置作业。

讲练结合模式以传授数学基础知识和训练数学基本技能为主;教学方式是教师讲解和提问,结合学生练习;教学组织形式以全班同学同步学习为主。

课例 2-1　一元二次方程根的判别式(第一课时)的教学设计

1. 复习

(1)提问。一元二次方程的求根公式是什么?

(2)练习。解下列一元二次方程:

①$x^2+5x-7=0$;②$3x^2+4x+5=0$;③$4x^2-12x+9=0$。

2. 引入新课

(1)观察上面练习中的三个一元二次方程,它们的根有哪几种情况?

(2)如何判断一元二次方程的根属于哪一种情况?

3. 讲解新课

(1)一元二次方程根的讨论。

一元二次方程 $ax^2+bx+c=0(a\neq 0)$ 配方后得到

$$\left(x+\frac{b}{2a}\right)^2=\frac{b^2-4ac}{4a^2}$$

①什么条件下,方程有实数根?
②什么条件下,方程有两个不相等的实数根?
③什么条件下,方程有两个相等的实数根?
④什么条件下,方程没有实数根?
(2)一元二次方程根的判别式。
①定义、记号和读法。
②用判别式讨论根的情况。
③判别式的应用。
例如,不解方程,判别下列方程根的情况:
$2x^2+4x-2=0$;$16y^2+9=24y$;$5(x^2+1)-7x=0$。
说明:首先必须将已知方程化成标准形式,确定 a,b,c,然后判断△的符号(不一定求出它的具体数值),得到方程根的情况。

4. 巩固练习

不解方程,判别下列方程根的情况:

(1)$3x^2+4x-2=0$;

(2)$2y^2+5=6y$;

(3)$4p(p-1)-3=0$;

(4)$3t^2-2\sqrt{6}t+2=0$。

5. 小结

(1)一元二次方程根的判别式的意义。

(2)运用一元二次方程根的判别式判断一元二次方程根的情况。

6. 布置作业(略)

二、引导发现模式

引导发现模式是学生在学习数学知识的过程中,不是通过教师的讲解接受知识,而是在教师的引导下自己发现知识,即先由教师设置问题情境,引导学生提出要研究的问题,然后启发学生对问题进行探究和猜测,提出解决问题的假设,再进行推理和验证,最后得出结论。这种模式以数学问题为中心安排教学程序,强调学生自己发现的过程,强调获得知识的方法。

引导发现模式具有培养学生发现问题、探究问题的能力和掌握探究问题方法的功能。引导发现模式的教学结构为：

创设情境→提出问题→探究猜测→提出假设→推理验证→得到结论。

课例2-2 多边形内角和的教学设计（片段）

1. 创设问题情境

利用多媒体展示由各种多边形（等边三角形、正方形和正六边形）的图形拼成的图形，要求学生观察并说出是由哪些图形构成的。

2. 多边形概念

在观察上述图形特征的基础上，概括出多边形的定义。

学习多边形的边、顶点、内角、外角、对角线的意义。

3. 提出问题

为什么用这样形状的材料能铺成平整、无空隙的平面图形？

问题的实质是求多边形的内角和。

4. 探究猜测

(1) 探求四边形的内角和：$360°=2×180°=(4-2)×180°$；

(2) 探求五边形的内角和：$540°=3×180°=(5-2)×180°$；

(3) 探求六边形的内角和：$720°=4×180°=(6-2)×180°$；

(4) 猜测：n 边形的内角和为 $(n-2)180°$。

5. 推理验证

利用分割的方法，可将 n 边形分成 $n-2$ 个三角形，由此可知，n 边形的内角和为 $(n-2)180°$。

6. 给出结论

n 边形的内角和为 $(n-2)180°$。

三、自学辅导模式

自学辅导模式是以学生自己阅读、探索、研究等自主学习为主，教师适时地进行引导和点拨的一种教学模式，这种教学模式突出了学生是学习的主体，教师在教学过程中起指导作用，可充分发挥学生学习的积极性、主动性和创造性。自学辅导模式的功能具体表现为：有助于学生掌握学习方法，养成学习习惯；有助于培养自学能力。

自学辅导模式的教学结构为：

提出要求→自学→提问→讨论交流→答疑讲解→练习。

课例 2-3 函数概念的教学设计

【课前布置自学要求】

(1)了解常量、变量、自变量与函数的意义。

(2)能分清实例中出现的常量与变量、自变量与函数。

(3)准备一道习题，其中有常量、变量、自变量与函数。

【教学过程】

1. 提问

(1)汽车以 30 千米/时的速度行驶，行驶的路程与时间的关系式 $s=30t$ 中，哪些量是常量？哪些量是变量？哪些量是自变量？哪些量是函数？

(2)什么叫常量？什么叫变量？什么叫自变量？什么叫函数？

2. 练习

设路程为 s(千米)，速度为 v(千米/时)，时间为 t(时)，指出下列各式中的常量与变量：

$$v=\frac{s}{6}; t=\frac{50}{v}; s=15t+t^2$$

3. 讨论和交流

(1)请几位学生汇报自己编制的习题，讨论这些问题中，哪些量是常量，哪些量是变量，哪些量是自变量，哪些量是函数。

(2)常量和变量有什么区别？

(3)自变量和函数有什么区别？

4. 教师讲解

函数概念包括三个方面：

(1)一个变化过程；

(2)两个变量；

(3)当一个变量取一个确定的值时，另一个变量有唯一确定的值与之对应。

5. 练习

梯形下底长 6 米，高 2 米，求它的面积 S(平方米)与上底长 a(米)之间的函数关系式，并指出式中的常量与变量，自变量与函数。

数学教学模式很多,这里仅仅介绍了几种最常用的模式。近几年来,许多数学教师在数学教学改革的实践中创造了不少新的模式,如研究性学习模式、数学实验模式等,这里就不再一一介绍了。

第四节 初中数学翻转课堂教学模式

目前,我国已经拥有高校精品课程网、中国中小学教育教学网、"一师一优课"等多个教学视频网站。此外,超星视频教学网、网易公开课程网、微课网也积累了丰富的视频教学资源,为开展翻转课堂教学模式提供了资源基础。同时,电子书包运动、因特尔一对一数字化学习项目为翻转课堂的实施提供了硬件基础。在国家教育信息化发展过程中,翻转课堂教学模式必将对我国的教学改革产生一定的影响。

一、翻转课堂的要素内容

贝克提出的翻转课堂的模型为:教师使用网络工具和课程管理系统,以在线形式呈现教学内容并以此作为分配给学生的家庭作业。在课堂上,教师有时间更多地深入参与到学生的主动学习活动和协作中。我国教育工作者大多数认为美国科罗拉多州落基山的一所山区学校——林地公园高中是翻转课堂的发源地。事实上,这里的翻转课堂的发生,并没有多么"高大上"的动机,出发点是为了给学生补课而录制教学视频。学校的化学教师乔纳森·伯尔曼(Jon Bergmann)和亚伦·萨姆斯(Aaron Sams)在教学工作中发现一个非常普遍而严重的问题,有些学生由于各种原因跟不上教师讲课的节奏,如恩里克(Enrique)反映,教师讲得太快,他来不及做笔记,有时他能将所有的要点都记录到笔记本上,却完全不明白这些内容的意思。

值得注意的是,随着互联网和计算机的普及,翻转课堂模式的实用性和可行性变得越来越强,也促使我国教育事业迅猛发展,同时使学生对教师的依赖性逐渐变弱,他们不再是单纯的知识接受者,而是自己也能够借助网络获取教育资源和教学素材的自主学习者,因此,教师的角色变成了引导者,其工作任务也有了一定变化,主要表现为以答疑解惑为工作重点。

1. 教师发生角色变化

翻转课堂中的教师从教授知识、组织上课的人转变为引导和促进学生学习的人。这标志着教师不再是课堂的核心,但是依然为促进学生学习的人。如果学生在学习时有解决不了的问题,教师就可以帮助他们。从这之后,教师就是促进学生短时间得到学习资源、使用学习资源、使用学习信息、运用新知识到现实中的人。教师在教学中的作用发生转变,他们也遇到了之前从来没遇到的关于教学能力的困难。在翻转课堂里,学生在具体的学习过程中,借助实现学习目标来建立知识体系,转变为学习过程的核心。教师要借助设置课堂学习内容这个新的教学方法来实现这个目标。利用便捷并且方便学生掌握知识的课堂学习内容的设置和实施来推动学生的发展。在学习完每一章节后,教师就要检验学生是不是学会并且将知识进行内化,然后对学生适当评判,让学生更好地了解自己的学习情况。按时评判有利于教师对课堂教学内容进行完善,使学生更快更好地掌握知识。

2. 合理安排课堂时间

在翻转课堂教学中,课上多半时间都是学生自主学习的,这样学生可以更好地进行课堂学习,教师来安排剩下的少半时间,这样可以针对学生特点进行指导,把教师在课上传授知识的时间缩减到最少,这是翻转课堂的又一特色。翻转课堂中的课堂教授知识的环节被放置到课后,这样既没有使课堂学习内容减少,而且还加强了学生在课堂上的交流互动。这样的教学方法的变化能够让学生更好地掌握知识。此外,教师在课上进行阶段评判的过程能够使课堂交流互动发挥更大的作用,并且教师在课上对学生的评判能够让学生更好地了解自己学习的进度和程度。

基于此,翻转课堂能够深入建立知识结构,课堂的主体是学生。翻转课堂在课前对学生进行知识传授,使课堂上教师教授和学生自主学习的时间增加,但是翻转课堂的重点是教师怎样设置课堂学习活动以达到充分利用课堂时间,使它发挥最大的作用。

3. 学生发生角色变化

教育和信息技术结合越来越广泛,学习者也越来越喜欢自主探索研究学习。在多元网络学习环境下,学生可以结合自己的需求筛选学习的知识、时间和空间,之后结合自己的学习速度自主学习。尽管学生在翻转课堂教学里参与程度极高,并且可根据自己实际情况学习,但是学生也不是完全自己学习。在网络技术为辅助的学习条件下,学生也要结合自己学习情况和教师、同伴交流互动,从而拓展自己的知识,更好地掌握知识。

二、"翻转课堂"教学模式的教学案例

课例2-4 柱体、锥体、台体的表面积与体积

一、教材的地位和作用

《柱体、锥体、台体的表面积与体积》是在学生已从结构特征和视图两个方面感性认识空间几何体的基础上,进一步从度量的角度来认识空间几何体,它属于立体几何入门的内容,所以教学的目的在于使学生了解空间几何体的表面积和体积的计算方法,但不要求记忆公式,并能进一步计算简单组合体的表面积和体积。

二、教学内容分析

本节一开始的"思考"从学生熟悉的正方体和长方体的展开图入手,分析展开图与其表面积的关系,目的有两个:其一,复习表面积的概念,即表面积是各个面的面积的和;其二,介绍求几何体表面积的方法,把它们展成平面图形,利用平面图形求面积的方法,求立体图形的表面积。

值得注意的是,在教学过程中,要重视发挥思考和探究等栏目的作用,培养学生的类比思维能力,引导学生发现这些公式之间的关系,并建立它们的联系。本节的重点应放在公式的应用上,防止出现教师在公式推导过程中"纠缠不止",要留出"空白",让学生自己去思考和解决问题。如果有条件,可以借助于信息技术来展示几何体的展开图。对于空间想象能力较差的学生,可以通过制作实物模型,经过操作确认来增强空间想象能力。

三、学生情况分析

在小学和初中阶段,学生就已经知道了柱体、锥体、台体的结构特征,以及一些常见几何体如正方体、长方体的展开图,可以说学生已具备了学习本节课内容的知识基础。但一些学生尚缺乏空间想象能力,以及知识的迁移与类比能力,这些都需要教师在课堂教学过程中有意识地培养学生的这些能力。此外,初中学生思维活跃,敢于表现自己,不喜欢被动地接受别人现成的观点,所以应注意调动学生的积极性与主动性。

四、教学目标

数学教学的重要目标之一是提高学生的数学思维能力,通过不同形式的探究活动,让学生亲身经历知识的发生和发展过程,从中领悟解决问题的思想方法,不断提高分析和解决问题的能力,使数学学习变成一种愉快的探究活动,从中体验成功的喜悦,不断增强探究知识的欲望和热情,养成一种良好的思维品质和习惯。根据课堂教学内容和学生的实际,本节课的教学目标确定为以下三个方面:

1. 知识与技能

(1)了解柱体、锥体与台体的表面积和体积公式的推导方法。

(2)能运用公式求解柱体、锥体和台体的表面积和体积。

(3)培养学生空间想象能力和思维能力,例如由直观图想象到原图形的一些特征。

2. 过程与方法

让学生经历几何体的侧面展开过程,感知几何体形状的变化,培养转化与化归的能力。

3. 情感、态度与价值观

通过学习,使学生感受多面体表面积与体积的求解过程,通过将"扇形想象成曲边三角形""扇环想象成曲边梯形"激发学生的创新意识,增强学习的积极性。

五、教学重难点

本节课如果只把几组公式告诉学生,并让他们进行一些训练就能达到要求。但这样做就失去了渗透相关重要数学思想的机会,也失去了让学生体会数学美的机会。数学教学中应强调对基本概念和基本思想方法的理解和掌握,并能灵活应用所学知识解决实际问题,根据本节课的教学内容和学生认知结构特征,将重难点确定为:

教学重点:柱体、锥体、台体的表面积和体积的计算公式及其应用。

教学难点:台体的表面积和体积计算公式的推导方法和推导过程。

六、教学策略分析

丰富学生的学习方式,改进学生的学习方法是数学教学追求的。学生的数学学习不应只限于概念、结论和方法的记忆、模仿和接受。本节课主要是多面体和旋转体的表面积和体积,学习过程中,要使学生理解知识点,并会灵活应用,要鼓励学生积极参与教学活动,包括思维的参与和行为的参与,既要有教师的讲授和指导,也要有学生的自主探究与合作交流。因此,本设计主要采用的教学方法是引导发现法,结合本课的教学内容与学生实际,整体思路是:

创设情境→自主探究→合作交流→得出结论→理解应用→提高能力。

在教具使用上做到以下三点:

(1)学生课前自己制作几何体模型,激发学生思维与兴趣。

(2)运用PPT制作课件,做到图文并茂。

(3)运用几何画板制作课件,创设探求空间,展现思维过程。

七、课时安排

本教学设计分为2课时。划分办法是:第一课时研究柱体、锥体、台体的表面积;第二课时,解决教材中相关的公式应用问题,之后完成对球的表面积与体积的学习。

八、详细教学设计

(一)课前视频教学设计(视频展现的内容)

1. 设置情境,引入课题

【导入】

随着国家不断地进步和发展,我们的城市正变得越来越漂亮。走在大街上,可以看到一栋栋高楼拔地而起。当一栋大楼主体完工时,就要对大楼外墙进行粉刷,这时就要估计这个空间几何体的表面积,那么,如何计算空间几何体的表面积呢?这节课就来学习柱体、锥体、台体的表面积和体积。

【设计意图】

通过实际问题引入本节课的课题,增加学生的学习兴趣。

2. 复习常见平面图形的面积计算公式

【问题】

请同学们写出下面常见平面图形的面积。

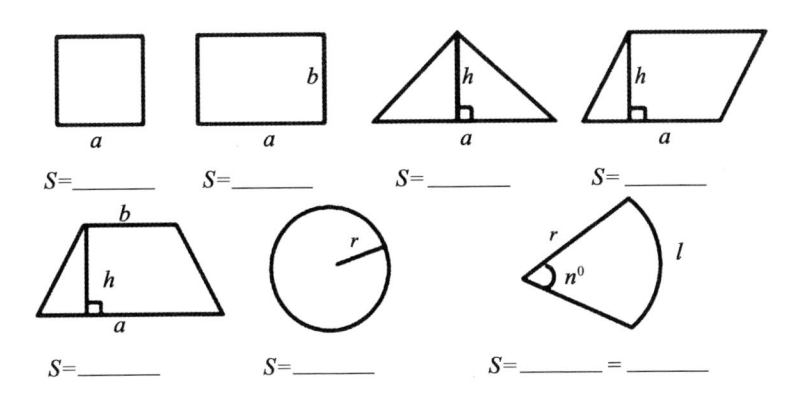

[图：正方形 a，$S=$＿＿＿；长方形 a,b，$S=$＿＿＿；三角形 a,h，$S=$＿＿＿；平行四边形 a,h，$S=$＿＿＿]

[图：梯形 a,b,h，$S=$＿＿＿；圆 r，$S=$＿＿＿；扇形 $r,n°,l$，$S=$＿＿＿＝＿＿＿]

【设计意图】

通过复习常见图形的面积计算公式，达到帮助学生复习并扫清学习障碍，同时了解学生基础的目的。

【设计亮点】

因为在后面要学习圆台的表面积公式，因而准确记住扇形的面积公式显得非常重要。为了使学生轻松地记住，采取了将"扇形想象成曲边三角形"的方法，这样只需记住三角形的面积就可以了，减轻了学生的记忆负担，增强了趣味性，也为后面学习圆锥和圆台的表面积埋下了伏笔。

3. 棱柱、棱锥、棱台的表面积的求法

【提出问题】

(1)在初中已经学习了正方体和长方体的表面积，以及它们的展开图，你知道上述几何体的展开图与其表面积的关系吗?

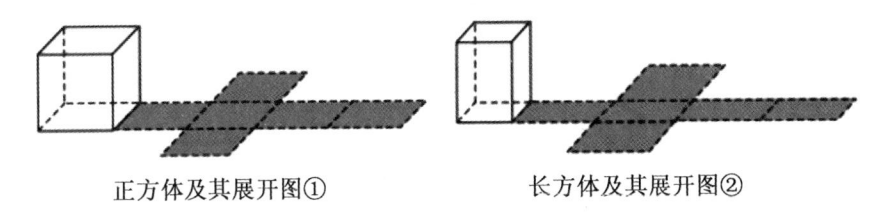

[图：正方体及其展开图①　　长方体及其展开图②]

(2)棱柱、棱锥、棱台也是由多个平面图形围成的几何体，它们的展开图是什么？如何计算它们的表面积？

【回答】

(1)正方体、长方体是由多个平面图形围成的几何体，它们的表面积就是各个面的面积的和。因此，可以把它们展成平面图形，利用平面图形求面积的方法,求立体图形的表面积。

(2)棱柱的侧面展开图是平行四边形,其表面积等于围成棱柱的各个面的面积之的和;棱锥的侧面展开图是由多个三角形拼接成的,其表面积等于围成棱锥的各个面的面积之和;棱台的侧面展开图是由多个梯形拼接成的,其表面积等于围成棱台的各个面的面积之和。

【设计意图】

如果用最基本的方法可以解决问题就用最基本的方法,求多面体的表面积,就是将它们的各个面的面积加起来。

4. 圆柱表面积的求法

【问题】

圆柱的侧面是曲面,不能直接求出其面积,怎么办呢?

【回答】

将侧面(沿母线)展开,转化成平面图形,就可以求出其侧面积了。

【问题】

根据圆台的展开图,思考如何求出其表面积。

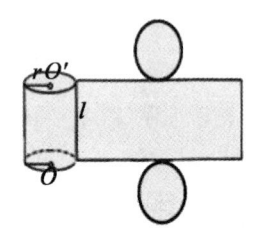

【总结】

我们知道,圆柱的侧面展开图是一个矩形。如果圆柱的底面半径为 r,母线长为 l,那么圆柱的底面面积为 πr^2,侧面面积为 πr。因此,圆柱的表面积 $S = 2\pi r^2 + 2\pi r l = 2\pi r(r+l)$。

【设计意图】

将空间图形问题转化为平面图形问题,是解决立体几何问题基本的、常用的方法。

5. 圆锥表面积的求法

【问题】

根据圆锥的展开图,思考如何求出其表面积。

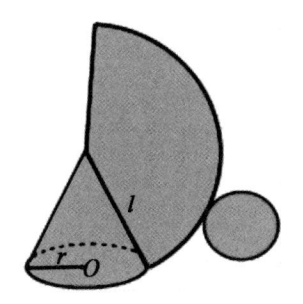

【总结】

圆锥的侧面展开图是一个扇形，如果圆锥的底面半径为 r，母线长为 l，那么它的表面积 $S=\pi r^2+\pi rl=\pi r(r+l)$。

【说明】

此处可以借助前面扇形面积公式的记忆方法，进而很快地算出圆锥的表面积。

6. 圆台的表面积公式

【问题】

圆台的展开图是一个扇环和两个圆，圆的面积可以用公式直接算出来，但是扇环的面积怎么求呢？

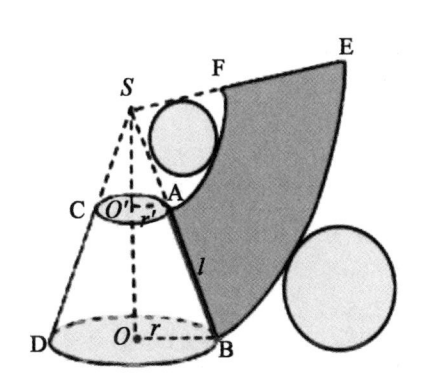

【回答】

根据前面将"扇形想象成曲边三角形"的方法，可以将"扇环想象成曲边梯形"的方法，进而得出如下结论。

【问题】

将"扇环想象成曲边梯形"只是一种猜想，如何证明呢？

【活动】

留给学生思考,课上讨论。

【设计意图】

将"扇环想象成曲边梯形",既减轻了学生的记忆负担,又加深了课堂的趣味性。然后又引导学生自己去证明,体现了数学思维的严谨性和学生的主体地位。

【总结】

圆台的表面积等于上、下两个底面的面积和加上侧面的面积,即 $S=\pi(r^2+r'^2+rl+r'l)$。

7. 柱体的体积公式

【问题】

将正方体、长方体的体积公式分别改写为:

$V_{正方形}=a^3=a^2 \cdot a=S_{底} \cdot h$,其中,$h=a$;

$V_{长方形}=abc=ab \cdot c=S_{底} \cdot h$,其中 $h=c,h=a,h=c$。

据此猜想棱柱的体积公式是什么。

【回答】

V 柱体 $=-Sh$(S 为底面积,h 为柱体的高)。

【设计意图】

根据已有知识经验获得一般的结论,培养学生合情推理的意识和习惯。

8. 锥体的体积公式

【数学实验】

教师制作一个同底等高的圆柱和圆锥模型,将圆锥装满沙子,倒入圆柱模型中,让学生观察并猜想锥体的体积公式。

【结论】

根据实验,猜想出 $V_{棱锥}=\dfrac{1}{3}S_{底} \cdot h$(不要求证明)。

【设计意图】

通过做实验加强了学生的直观感受,这有助于公式的记忆,突破了难点。

9. 台体的体积公式

【教师总结】

由于圆台(棱台)是由圆锥(棱锥)截成的,因此可以利用两个锥体的体积差,得到圆台(棱台)的体积公式 $V=\frac{1}{3}(S'+\sqrt{S'S}+S)h$,其中 S', S 分别为上、下底面面积,h 为圆台(棱台)高。

【注意】

不要求推导公式。

【说明】

前面已经证明了圆台表面积的公式,如果再证明台体的体积公式,就使得本节课难度过大,打消了学生的积极性。

10. 柱体、锥体、台体的表面积和体积公式的联系

【问题】

结合圆柱、圆锥及圆台的结构特征,再观察他们的表面积公式、体积公式,你能发现什么关系?

【回答】

(1)圆柱、圆锥、圆台的表面积:

$S=2\pi r(r+l) \longleftarrow S=\pi r(r'^2+r^2+r'l+rl) \longrightarrow S=\pi r(r+l)$

(2)柱体、锥体、台体的体积之间的关系:

$V=Sh \longleftarrow V=\frac{1}{3}(S'+\sqrt{S'S}+S)h \longrightarrow V=\frac{1}{3}Sh$

【设计意图】

从运动变化的观点分析三者之间的关系。

(二)课前导学案设计

1. 柱体、锥体、台体的表面积和体积(导学案)

【学习目标】

①了解柱、锥、台的表面积和体积的计算公式。

②能运用柱、锥、台的表面积和体积公式进行计算和解决有关实际

问题。

③通过相关公式的学习,感受表面积和体积公式之间的联系。

【学习过程】

(1)根据微视频完成下列问题:

①多面体的表面积就是_____加上_____。

②圆柱、圆锥、圆台的侧面展开图分别是_____、_____、_____;若圆柱、圆锥底面和圆台上底面的半径都是 r,圆台下底面的半径是 r_1,母线长都为 l,则 $S_{圆柱}=$_____,$S_{圆锥}=$_____,$S_{圆台}=$_____。

③柱体体积公式为:$V=$_____,(S 为底面积,h 为高)。

④锥体体积公式为:$V=$_____,(S 为底面积,h 为高)。

⑤台体体积公式为:$V=$_____($S_上$,$S_下$ 分别为上、下底面面积,h 为高)。

(2)你能证明相关的公式吗?对本节内容,你有哪些疑惑请写在下面。

(3)思考并尝试做以下例题:

例1 已知棱长为,各面均为等边三角形的四面体 $S-ABC$,求它的表面积。

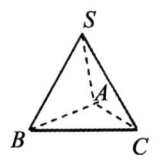

例2 某空间几何体的三视图如下,请计算此空间几何体的表面积和体积。

(4)知识拓展(祖暅及祖暅原理)

祖暅,祖冲之之子,南北朝时期的伟大科学家。柱体、锥体,包括球的体积都可以用祖暅原理推导出来。

祖暅原理:夹在两个平行平面之间的两个几何体,被平行于这两个平面的任意平面所截,如果截得的面积总相等,那么这两个几何体的体积相等。

(三)课中教学设计

1. 整理学生提出的问题,并在投影中展示出来

(1)预设问题:

①虽然把圆台的侧面想象成了曲边梯形,但如何证明猜想是正确的呢?

②如何证明台体的体积公式?

③处理例题中存在的问题。

(2)学生分组讨论、教师引导,解决问题。

(3)当堂检测。

2. 柱体、锥体、台体的表面积和体积测试题

(1)现有橡皮泥制作的底面半径为 5cm、高为 4cm 的圆锥和底面半径为 2cm,高为 8cm 的圆柱各一个,若将它们重新制作成总体积与高均保持不变,但底面半径相同的新的圆锥和圆柱各一个,则新的底面半径为_____。

(2)已知 △ABC 的三边长分别是 $AC=3cm$,$BC=4cm$,$AB=5cm$,以 BC 所在直线为轴,将此三角形旋转一周,则所得旋转体的表面积为_____。

(3)把长、宽分别为 4cm、2cm 的矩形卷成一个圆柱的侧面,求这个圆柱的体积。

(4)圆台的上、下底面半径分别是 10cm 和 20cm,它的侧面展开图的扇环的圆心角是 180°,求圆台的表面积。

九、案例分析

翻转课堂教学模式最突出的特点就是充分发挥了学生的主体地位,课前学生自主学习微视频的内容;课中学生分小组讨论、研究解决问题的办法;最后学生再做适量的习题,检查自己学习中的不足,最终达到"知己知彼,百战不殆"的目的。在整个学习过程中,老师仅仅是一个"配角",当学生遇到解决不了的问题时,教师才伸出"援助之手",对学生加以指导。值得提出的是,本案例教师在教学生圆台表面积的公式的时候,把扇环想象成了曲边梯形,这不仅减轻了学生的学习负担,而且提升了学生的想象能力,这对学生非逻辑思维的培养是很重要的。当然,教师并没有忽略数学严谨性思维的培养,在课中环节把它单独作为一个问题提出来,让学生思考并证明,这对于广大数学教师的教学是有一定的借鉴意义的。

第三章　初中数学教学设计

如果把数学教学比喻为一项建筑工程,那么精心地进行数学教学设计就是此项工程最关键和重要的事项,需要数学教学共同体精心设计、巧妙构思、合理规划,以使数学教学有计划、有目标、有秩序、有反思地运行。

数学教学设计是教师基于数学教学现实为实施教学而勾画的图景。它的核心是教师对数学教学要素进行系统思考而建构的教学流程,主要是对教学活动的步骤和环节进行规划安排,体现设计者对未来数学教学的期望。在设计过程中,需要教师把课程与教学等因素放在教学系统中,全面地、综合地、精确地考查系统和要素、要素和要素之间的相互作用及关系对象,创造性地进行教学设计,不断地追寻教学效益最大化。

第一节　初中数学教学设计概述

设计就是为了解决某个问题,在开发某些事物或实施某种方案之前,所采取的系统化的计划过程。教学就是教师指导学生的学习活动,普遍认为,要使学生能尽快掌握知识和技能,就必须对这种学习活动进行精心的设计与安排,从而提供有利的学习条件。这种有组织、有计划的教与学的活动就是教学。教学的主要特点是目标指向性、组织性和计划性。

一、教学设计

教学的特点决定着教师要对教学过程中的具体步骤和活动进行设计。根据教学和设计这两个概念的含义,可以概括地认为:教学设计就是教师根据先进的教育理念和教育原理,按照一定的教学目的和要求,针对具体的教学对象和教科书内容,为了达到教学目标而对课堂教学的整体流程及其具体环节、总体结构和相关层面所做的系统规划。新课程数学课堂教学设计首先关注的是学生的学,强调教学内容与学生生活的联系,强调学生主动参与、合作学习、乐于探究,注重在知识与技能、数学思考、问题解决、情感态度与价值观等方面的全面发展。

数学教学设计主要解决四个问题。

第一,教什么的问题,即教学目标的设计问题。初中数学教学目标的设计是在教师认真研究《义务教育数学课程标准(2022年版)》和教科书的基础上,在对学生的认知状况进行了科学分析的前提下制定的。该标准在刻画数学知识技能时使用了"了解(认识)、理解、掌握、灵活运用"等目标性动词,还使用了"经历(感受)、体验(体会)、探索"等表达数学活动水平的过程性动词。因此,教学目标的设计就不能只关注知识与技能这一显性目标,而且要充分考虑到数学思考、解决问题、情感与态度等方面的隐性目标。

第二,教学内容。包括基于对教学内容和教学重点、难点的分析。

第三,怎样教的问题,包括教学手段的选择、学习方法的指导、教学过程的组织以及目标检测的设计等。要解决好这些问题,保证对学生的认知状况做出科学的分析,并且对将要学习的知识的基础做出诊断性的客观分析等。

第四,教学评价。教学设计中所提出的教学目标是否达成,需要对教学效果进行评价。

由此可见,教学设计不是力求发现客观存在的尚不为人知的教学规律,而是运用已知的教学规律,去创造性地解决教学中的问题。教学设计的具体产物是经过验证的教学系统实施方案,包括教学目标和为实现一定教学目标所需要的整套教科书、学习指导、测试题、教师用书等。

二、数学教学设计的价值和意义

1. 数学教学设计是课堂教学有效进行的前提和保证

设计好一节课的教学是上好一节课的前提,是提高课堂教学质量的重要基础和保证。课堂教学活动是教师和学生共同参与的活动过程,进行教学设计可以使教师充分了解学生的认识规律和身心发展特点,思考师生活动的合理配置与目标,设计出合乎客观规律的教学方案,实现课堂教学过程最优化,提高教学效率和教学质量。

2. 数学教学设计是提高教师教学水平的重要途径

教师进行教学设计的过程是一个研究课程目标、教学内容、教材、学生及教学方法等因素的综合过程,而教师对教学内容、学生情况、教学目标、教学活动的分析研究过程正是教师研究学习和提高自己教学水平的过程。所以,坚持不懈地刻苦钻研教学设计是促进教师教学水平不断提高的重要途径。

3. 数学教学设计是教师进行教学研究的一种形式

教学设计是教师在日常教学中进行教学研究活动、提高教学研究能力的过程。教学过程从某种意义上讲是通过合理的方式把以教材为载体的文本知识转化为学生的认知结构体系中的一个新的组成部分,培养学生一种认识问题、分析问题、解决问题能力的过程。如何做到科学、高效地实现这种转化是教学设计的关键。因此,认真进行教学设计的研究对于提高教师教学研究无疑是很有价值的。

三、教学设计应遵循的基本原则

数学在教学中的地位越来越重要,数学教育已经从"教师中心"变成"课堂中心"和"教科书中心"。随着基础教育新课程改革的不断深入,特别是创新教育的实施,数学教学中以学生为主的传统的教学模式转到"以激励学习为特征,以学生为中心"的实践活动模式,即学生不是被动地接受知识,而是通过数学活动,主动地构建自己的数学认知结构,在这样的大背景下,我们的教学设计应该遵循以下基本原则。

1. 主体发展原则

新课程标准下的数学课堂教学设计首先关注的是学生的主体发展

和全面发展。新课程评价一堂课的优劣,重要的是落实到学生怎样学,学的效果如何。看学生在课堂上是否处于主体地位,看学生如何积极参与,如何获得发展,即"以学定教"。这一要求就决定了我们所做出的教学设计必须有利于学生自主学习,尊重他们的个性,促进他们的全面发展,真正做到以学生为本,树立教学设计是为学生服务的,而不是为教师服务的观念。

2. 结构化原则

数学作为一门逻辑演绎科学,在课堂教学设计中,应该遵循知识结构化原则。学习不是教师把知识简单地传授给学生的,而是由学生自己去建构的过程,学科知识的获得,只有经过学生自己的思考之后,才能内化到自己的知识结构中,不断丰富和开展学生的数学认知水平。因此,严谨的知识结构、层次分明的教学流程、清晰系统的知识讲解等是非常重要的。

结构化的教学设计有以下三个特点:(1)结构化原则是一个与学生思维发展水平相适应的、体现所学的数学概念、思想方法之间螺旋递进关系的、具有连贯性和一致性的结构;(2)突出教学核心内容,教学设计注重层次结构,由浅入深,由易到难,由具体到抽象,形成概念的网络系统,联系通畅,便于记忆与检索;(3)便于实现正迁移,容易在新情境中引发新思想和新方法。

3. 活动过程原则

《义务教育数学课程标准(2022年版)》强调,数学教学是数学活动过程的教学。因此,新课程标准下的数学课堂教学设计要围绕数学知识的发生发展过程和学生的数学学习过程这两个过程展开,充分体现活动过程,并做到有机配合。

4. 问题启发原则

学生产生学习兴趣的根本原因是问题。数学教学设计要围绕教学重点和教学难点,以"教学问题诊断"(包括学生认知分析)为基础;问题应有针对性、层次性,对数学概念及其反映的思想方法的领悟有启发,达到"跳一跳摘果子"的效果。问题化设计的根本目的就是培养学生的思维能力、创新精神、实践能力,帮助学生学会自主学习、合作学习、探究学习,使学生产生"我要学"的动力和"我能学"的自信。

5. 开放性原则

数学课堂教学体系的设计应注重开放性原则。数学学习的内容是开放的,不限于课本与教材,教师是"用教材教而不是教教科书"。再者,新课程呼唤学生学习方式的转变。

四、教学设计的一般步骤

教学设计就是教师为达到教学目标对自己的教学行为所进行的系统规划。教学设计主要解决:教什么(教学内容)、怎样教(教学方法与流程)、为什么这样教(教学理论依据)、教得怎么样(教学结果评价及反思)。教学设计能够促进教师的业务能力提高(即专业发展)、促进教师对教学理论的学习研究、促进教师对新课程标准和整个教学系统的整体把握、促进教师对学生的研究、促进教师教学质量的提高。

教学设计应关注五大基本要素,即学习目标、学习内容、学生特征、教学策略和教学评价。教学设计是一个动态过程,需要在实践基础上不断修正。根据有关的研究成果,结合多年的教学实践,可以把教学设计分为以下几个步骤:

1. 学习需要的分析

对于学习需要的分析,主要包括"教学内容分析"和"教学对象分析"两个方面的内容。教学内容是指为了实现教学目的,而要求学生系统学习的知识、技能、基本数学思想和基本活动经验的总和。对教学内容的分析,一要确定"广度"和"深度",教学内容的广度是指学生必须达到的知识和技能;深度是指学生必须达到的知识水平和技能水平。二要科学合理地组织教学内容,使之具有一定的系统性和逻辑性。

对教学对象的分析,即对学生做出客观、正确和科学的分析,一要了解学生的心理状况;二要了解学生对某一学科内容掌握的程度,以便确定他们是否具备了学习新内容的知识基础。

2. 制定教学目标

《义务教育数学课程标准(2022年版)》要求:"教学目标应根据知识与能力、过程与方法、情感态度与价值观三个维度来设计。"在教学中,教师是把三维目标有机整合,还是把三个维度简单机械地叠加?如果是有机整合,那么该如何进行呢?这是值得我们深思的问题。

在制定教学目标时,不能只停留在知识技能方面,还要考虑如何让学生参与到数学活动中去。将教学目标有机地融入精心设计的情境中、过程中和应用中,从而解决"教什么"的问题。

3. 选择教学策略

教学策略是对完成特定的教学目标而采用的教学活动的程序、方式、形式和媒体等因素的总体考虑。解决"怎样教"的问题。教学策略具有指示性和灵活性,它具有使教学理论具体化和使教学活动概括化的作用。在确定教学策略时应考虑教学媒体的选择和应用,根据不同的情况选择不同的教学媒体或教学资源。

4. 教学评价

教育的方方面面都需要评价,评价渗透于教育活动,并成为其中不可缺少的组成部分,教学设计也应对学生的学习情况进行评价,教学设计因为评价的存在而更具有有效性。评价的种类很多,教师在教学设计中经常用到的主要是形成性评价。形成性评价是在某一教学活动的过程中,为了使教学效果更好而采用的评价。通过形成性评价,教师能及时了解这一阶段教学的实际效果和学生学习的进展情况以及在学习过程中暴露出的问题,以便于教师及时调整教学思路。实施形成性评价有三种常用的方法,即测验、调查和观察。这三种方法在收集资料方面各有特点,如测验适用于收集认知目标的学习成绩资料,调查适用于收集情感目标的学习成绩资料,观察适宜收集实际操作等动作技能目标的学习成绩资料。至于教学中使用哪一种方法去评价学生的学习情况,教师可根据具体的教学内容、教学对象以及评价的目的灵活选择。

5. 设计教学反思

这个环节一般是在按教学设计完成教学任务之后,教师通过教学反思再补充到教学设计中的,我们也可以把它作为教学设计的一个步骤。教师把形成的数学教学设计方案付诸实践,对一节课的理解一定会有新的认识和想法,通过评价和反思再次改进教学设计,不断完善和提高教学水平。

五、教学设计应处理的几种关系

1. 创生与开发的关系

新课程观下的教学不仅是课程的传递和执行,而是课程的创生与开发,教学的过程也因此而成为课程内容不断再生的过程。教师在进行教学设计时,要时刻注意开发已有的教学资源。要把教学内容放在具体的教学情境中,根据自己的教学风格和学生特点,用自己喜欢的教学方式进行创生性教学,对教科书进行合理的取舍、重组、拓展等处理。真实的教学情境是创生的源泉,只有在这种现实、真实、自由的情境中,教师与学生的思维才不受任何压抑,从而积极独立地思考、畅所欲言地表达,在不断碰撞与交锋中闪现出灵感的火花,萌生出创新的幼芽,但在课堂教学中,教师如果不设计真实的教学情境,而是按照教本"一字不改""不折不扣""按部就班"地教书,整个课堂肯定是死气沉沉,学生因学习缺乏主动性而不可能有创造性的思维,自然不会"创生"。教师实施课程开发时,只有根据教学内容设计恰当的教学情境,并在教学实际中不断进行个性化的解读、调整、处理,才能使学生得以充分展露,教师与学生之间在一种平等交往、积极互动中不断"创生"。

2. 预设与生成的关系

教师要认真研究教科书和学生,从而设计课堂教学方案,既要积极按照计划、预设推进,也要及时、开放地将没有预设的、始料不及的、有意义的新问题、新想法等纳入课堂。根据实际情况进行灵活处理,及时调整教学活动、教学进程和教学内容。努力创设和谐的教学情境,实现有效的动态生成,保证课堂教学的优质与高效并存。

3. 教师和学生的关系

师生关系主要指认识关系和情感关系。新课程实施以来,教学强调的不只是知识技能的传授,更是情感的交流、心灵的沟通和生命的对话。为此,教师在进行教学设计时应致力于建立充分体现、尊重民主和发展精神的新型师生关系。树立一个观点,即充分尊重学生的个性,通过教学设计引导学生主动参与学习活动,在探究活动中使学生的个性得到充分发展。

教师在课前要充分了解学生的知识储备、学习能力、情感态度等基础,辅导学生做好课前预习,针对不同层次的学生设置有梯度的问题和有层次的练习,正确引导,让每个学生都学有所获;同时,还要把蕴含在数学知识中的价值观资源挖掘出来,将价值观教育渗透在教学设计中,既要关注学生智力的、认知的、逻辑的、理性的因素,还要关注非智力的、情感的、形象的、感性的因素,使知识教学与价值观影响有机结合,形成课堂教学和谐、民主、愉悦、生动活泼的局面。如在讲"三角形的稳定性"时,教师讲到"三角形具有稳定性而四边形不具有稳定性"时,可即时发问:"那四边形在我们生活中就没有用吗?每个人既有优点也有缺点,就像四边形虽然不具有稳定性,但也有广泛的应用,如伸缩门、活动衣架……"

第二节 初中数学教学目标设计

从事任何工作都要确立目标,同样,进行数学教学设计也要先弄清教学目标。

数学教学目标是设计者希望通过数学教学活动达到的理想状态,是数学教学活动的结果,也是数学教学设计的起点。通过对数学教学内容的分析,教师知道要教给学生什么,要促进学生在哪些方面获得发展,教学目标有显性与隐性之分。一般来说,知识和技能目标是显性的;过程与方法和情感、态度、价值观这两个维度的目标是隐性的。要处理好显性与隐性目标之间的关系,一是教师要认真钻研教材,领会教材精神,设计好显性目标;二是教师要在认真分析教学内容及学生特点的基础上,结合教学过程的设计,把过程与方法、情感态度等方面的隐性要求通过使用"经历""体验"等词语非常明确地表达出来,将隐性目标显性化,从而形成具体的教学目标。这样的目标对课堂教学过程具有直接的指导作用,并具有可监控性。

一、数学教学目标编制

(一)数学教学目标编制要求

为了使教学目标能够充分发挥它的功能,在编制教学目标时,应遵循以下基本要求:

(1)全面性。注重全面性就是要充分考虑教学目标三个维度的各个方面。设定教学目标时,要把三个维度作为一个整体来考虑,三个维度互相照应,相互协调,体现高度的整合作用。

(2)具体性。课堂教学目标必须注意贴近本节课的教学内容,具体地反映学生的学习行为,切忌笼统、泛泛而谈。

(3)准确性。教师必须根据教学内容的要求和学生的实际情况,准确地编制数学教学目标。

(4)明确性。教学目标具有导向和标尺作用。具体而明确的教学目标,能够引导师生围绕教学目标的实现,恰当地组织教学过程,有效地开展教学活动,并能以此为标准检测学习效果。

(5)灵活性。在制定教学目标时,既要对不同的情况分别对待,对不同层次的学生制定不同水平的教学目标,又要在教学过程中,根据教学的实际需要及时调整教学目标。

(二)数学课堂教学目标编制步骤

(1)学习《义务教育数学课程标准(2022年版)》。首先,要通过学习《义务教育数学课程标准(2022年版)》,了解数学课程目标、数学教学的内容和教学要求,明确数学教学的原则和测试评估的方法与要求。

(2)明确单元教学目标。由于课堂教学目标是单元教学目标的子目标,所以在编制课堂教学目标前,先必须明确本单元的教学目标,将单元教学目标进行分解。在此基础上,结合本课时的教学内容,制定课堂教学目标。

(3)明确课堂教学的具体内容和要求。在熟悉课堂教学内容的基础上,领会教材的编写意图,并进一步对本节课学习内容的类型进行分析。在弄清教材的基础上,再进一步根据单元教学目标、教材的深度和广度、例题和习题的要求和难度,确定每一个学习内容所要达到的水平。

(4)了解学生的基础和学习特点。通过对学生学习情况的分析,知道学生的起点能力、心理特点和学习习惯,为编制教学目标提供依据。

(5)确定教学目标并加以陈述。根据教学目标编制的方法,区分不同的内容和水平。根据每一个学习内容所要达到的水平,在它的前面选择合适的行为动词。

二、数学教学目标编制案例评析

本节我们将通过一些具体的教学目标设计的正反两个方面的实例及其剖析,进一步理解教学目标及其编制方法。

课例 3-1 掌握一元二次方程根的判别式。

【评析】这一目标不具体、不准确,对"掌握"的内涵没有具体界定,对教学的意义不大。可考虑进行适当分解:

(1)在用配方法推导一元二次方程求根公式的过程中,明确判别式的结构和作用。

(2)能用判别式判断一个一元二次方程是否有解。

(3)能用判别式讨论一个含字母系数的一元二次方程的解。

课例 3-2 "有理数加法"的教学目标。

1. 知识与技能目标

(1)能准确叙述有理数加法法则,并知道哪些问题适用有理数的加法。

(2)能按法则把有理数的加法分解成两个步骤(确定符号;确定绝对值)完成。

(3)能熟练、准确地利用加法法则进行有理数加法的计算。

2. 过程与方法目标

体会有理数加法法则的导出过程,感受其中所含的数学思想方法。

(1)能初步解释数形结合和分类的思想。

(2)初步体验算法思想。

(3)初步学会"观察—归纳"的思维方法。

3. 情感、态度与价值观目标

通过有理数加法法则的获得过程,初步感受从特殊到一般和从一般到特殊的思维方式;体验用矛盾转化的观点认识问题。

【评析】本案例教学目标的陈述属于并列式,它最大的特点是符合教学目标设计的要求。设计者正确理解了教学内容,深入挖掘了教材内涵,目标定位全面、具体、准确。目标有针对性地以具体的数学知识与技能为载体,开展相应的数学思想、思维方法的教学,渗透相应的情感、态度和价值观的教育,使得显性与隐性的教学目标并驾齐驱。

课例3-3 "圆的标准方程"的教学目标。

(1)探究圆的标准方程,能根据圆心、半径写出圆的标准方程,会用待定系数法求圆的标准方程,在此过程中深化对数形结合思想的理性认识,提高用解析法研究几何问题的能力。

(2)通过圆的标准方程解决实际问题的学习,进一步激发学习数学的热情和兴趣,提高观察问题、发现问题、分析问题和解决问题的能力,发展数学应用意识。

【评析】本案例教学目标的陈述属于融合式。设计者对教学内容的理解透彻,教材内涵的挖掘深入,目标定位的全面、具体、准确,符合教学目标设计的要求。目标有针对性地以圆的标准方程的探究、应用和解决实际问题的学习为载体,既反映出对知识技能、过程与方法的要求,又反映出对情感态度教育的要求,实现了显性与隐性教学目标的融合。

第三节　初中数学问题解决的教学设计

一、数学问题解决概述

什么是问题？美籍匈牙利教育家波利亚在《数学的发现》一书中，给"问题"下了个定义：问题就是意味着要去寻找适当的行动，以达到一个可见而不可立即可及的目标。在1988年的第六届国际数学教育大会上，"问题解决、模型化及应用"课题组主席奈斯将"数学问题解决"中的"问题"具体界定为两类：一类是非常规的数学问题，另一类是数学应用问题。

20世纪80年代以来，在国际数学教育界，问题解决已经成为一个热点话题。日本已经把问题解决纳入学习指导纲要(教学大纲)；英国把问题解决当作一种教学模式和教学的指导思想；我国近年来对问题解决的认识也逐步深入，得到了数学界的认同。

虽然目前人们对数学问题解决的看法并不一致，但总的说来，可综合成下述几方面的含义：

(1)问题解决是数学教育的一个目的。将问题解决作为目的，充分体现出问题解决是数学教育的核心。这种观点将会影响到数学课程的设计和确定，并对课堂教学实践有重要的指导作用。

(2)问题解决是教学方式。游铭钧先生认为问题解决的教学方式和学习操作是当前数学教学改革的重要组成部分。

(3)问题解决是教学类型。英国的Cockcroft报告指出，在英国，教师们还远没有将问题解决活动形式看作教或学的类型。他们倾向于将其看成课程附加的东西。应该将问题解决作为课程论的重要组成部分。

二、数学问题的设计

从上述关于问题的定义和类型可看到，问题这个概念的外延是非常广阔的,在不同教学情境为实现不同的教学目标,我们应该选用不同类型的问题。那么,适合于数学问题解决教学的问题是什么？如何来设计问题解决教学中的问题？我们在对相关研究做出分析的基础上得到以下结论供读者参考,即数学问题解决教学中的问题除了具有问题的一般特征,还应该具有或至少部分具有以下特征：

(1)现实性。这是从学生的主观感受和体验来说的,它包括与学生的现实生活密切相关但并非专指现实生活背景。问题的现实性是指问题能引起学生问题解决的兴趣并维持对问题解决活动的兴趣,学生愿意接受它,希望能通过自己的努力获得问题的答案。

(2)探究性。所谓问题解决具有较强的探究性就在于它能够激发学生从多种途径来解决问题,能激发他们去探索更佳的解题途径;能启迪学生的思维,展现他们的独立见解、判断力、能动性和创造精神。

(3)数学性。即问题需以重要的数学概念、思想方法、原理为基础。数学问题解决中的许多问题都是有实际背景的,与学生的实际生活经验、常识或其他学科的知识有关,因此,学生也能根据自己的实际经验或用其他学科的知识来求得问题的答案。但这样,就会偏离了数学课的主题,也降低了该问题的数学教育功能。

作为数学问题解决解题基础的数学概念、方法、原理可以是学生已经学习过的,也可能是还未学习、正是当前问题解决教学所欲发展的。前者能够促进学生对于数学基础知识和基本技能的掌握,学会数学应用;后者为学习新知识打下基础,有利于帮助学生形成关于某一数学主题是如何发展的认识,使数学方法论的出发点更清晰。对问题解决解题基础的这一要求还有利于与"偏题""怪题"划清界限,突出数学建模的观点,有利于数学应用意识的培养。

(4)拓展性。即问题能推广或扩充到多种情形。问题解决中的问题不能仅限于求到答案,而更应能从解决问题的过程、问题的条件和结论中找到变化的线索,如扩大问题的定义域,固定问题中的某些条件而让另一些条件变化看其能产生怎样的结果,或将问题解决中遇到的障碍发展为值得进一步讨论的问题等。通过对问题的推广或扩充,可将学生的思维引导到更宽广或更深刻的领域,意义非常深刻。

在具体设计问题时还要注意以下几点：

(1)要选择在学生能力的"最近发展区"内的问题,教师在细致地钻研教材、研究学生的思维发展规律和知识水平等基础上,提出既有一定难度又是学生力所能及的问题。

(2)问题要有较强的趣味性。提供给学生的问题不能是干巴巴的,读起来索然无味,引发不了兴趣。"好问题"可使学生乐此不疲地去探讨、去发现数学内在的价值,激发学习数学的兴趣。

(3)问题要有开放性。一个"好问题"要有多种思考的方法,多种解决的途径,不能仅仅有一种解决办法。

教师要苦练编拟问题的本领,要善于改造原来的数学习题,使之变为"好问题"。有关编制数学问题的理论及操作方法,可参阅浙江教育学院戴再平教授所著的《数学习题理论》(上海教育出版社)。

三、数学问题情境的设计

数学问题情境是学生产生解决问题的动机,是主动、积极地从事问题解决活动的重要保障,对于数学问题解决及其教学目标的达成具有十分关键的作用。

(1)关于数学问题情境的理解。在数学问题解决教学中所创设的情境称为数学问题情境。数学问题解决需要融入数学问题情境之中,才能更加生动,更容易被学生自然地接受。

(2)如何创设数学问题情境。创设数学问题情境,是指在问题解决教学中,根据师生的实际、教学目标要求、教学内容的性质特征、课堂环境条件等具体情况,营造一种气氛、提供一定的材料,以激发学生的问题解决欲望,维持学生的问题解决行为,使学生在问题解决过程中受益。

数学问题情境到底以何种方式呈现,取决于情境材料本身的特征和教学资源条件。不管以何种方式呈现,教师的讲述是非常重要的。例如,在一次问题解决教学实验课中,教师事先将情境材料("焰火")和任务要求写在了一份"作业单"中(如图3-1所示)。对于初三的学生,教师认为学生都能看得懂,课堂上不需再做陈述,直接将作业单发放给学生,让他们按照要求解决问题就行。然而,事与愿违,整堂课学生都显得很拘束,他们默默地在草稿纸和"作业单"上画着什么,一些学生偶尔低声交流几句。在有学生到黑板前与全班交流自己的结果时,下面的学生也只是听着,没有激起任何反应。

> **作业单**
>
> 班级_____ 姓名_____
>
> 今年元旦节,市政府决定在世纪公园燃放烟火,为此请来了有关专家帮助设计。专家的建议是,在公园内找一块空地,搭建一座 8 米高的发射台,台上装一个定时装置,届时通过这个定时装置用冲天炮来发射烟火。计划发射角为 75°,冲天炮在竖直方向上的速度为 42m/s。
>
> 另外,专家们还要解决以下几个问题:
>
> (1)为了烟火能在冲天炮到达其轨迹的最高点处绽放,需要知道冲天炮在何时到达最高点,以便调整发射冲天炮的定时装置。
>
> (2)为了让观众能站在最佳位置处观看到放烟火表演,需要知道冲天炮能飞多高。
>
> (3)为了安全起见,还需要知道冲天炮能飞多远,以便提前将这块地用围栏围上。
>
> 一些公式:
>
> 根据物理学知识,可将冲天炮飞行的高度 h 表示成关于时间 t 的函数,且:
>
> $$h = 8 + 42t - 4.9t^2$$
>
> 冲天炮飞行的水平距离 d 也可表示为关于时间 t 的函数,且:
>
> $$d = \frac{42t}{\tan 75°}$$
>
> 同学们,你能用自己所学的知识帮助专家们解决遇到的问题吗?为此,你的任务是:
>
> (1)画出该情境的草图。
>
> (2)清晰地写出专家们要回答的问题。
>
> (3)描述你怎样利用给出的函数式来帮助回答这些问题。
>
> (4)利用你所想到的方法求出这些问题的解。

图 3-1 "二次函数的应用"作业单

在另一个班的教学中,教师改变在前一个班的做法。在课的开头,教师先就市政府决定放焰火以庆祝元旦节的事情向学生们娓娓道来,然后清楚交代学生们要做的工作和该节课的学习计划,并按照座位对学生进行了分组。教师取消了在学生问题解决活动之前演示"放焰火"课件的做法,将它改为在学生碰到问题的时候,用抛掷粉笔头的方式让学生感知冲天炮的运行轨迹。学生很快投入问题解决活动中,并在课堂上积极发表自己的意见和看法,表达自己思考问题的过程,倾听同学的意见,纠正错误,最后圆满完成了当天的学习任务。当下课铃声响起的时候,学生们似乎并未察觉,因为他们又寻找到了新的目标——一位坐在前排的学生忽然大喊:"4.3s,时间太慢了!""4.3s"是第一个问题的答案,学生们凭直觉感到焰火从点燃到绽放需要 4.3s,等待的时间太长了。这一看法迅速引起了其他同学的共鸣,"能否再快点,如 2s 或 3s?"教师抓住这个时机,立刻布置了学习任务。

当冲天炮在发射角为 75°、以竖直方向上 42m/s 的速度发射出去时,通过函数关系式 $h=8+42t-4.9t^2$ 计算,得到的到达最高点的时间太长了,那么应该怎样调整问题的初始状态,在最大高度不变的情况下缩短其到达最高点的时间?

上面两堂课均由同一位教师执教,两个教学班级的学生学习水平相当,使用同样的情境材料,完成同样的问题解决任务,但是教学效果却相差甚远,根本原因就在于教师对情境的呈现方式。

四、数学教师角色的设计

在问题解决教学中,问题解决者应是学生而非教师。也就是说,问题解决教学应当使问题解决成为学生自主寻找问题解的活动,而不是实施教师给予的一个算法。学生在其中应该感觉到所面临的是他们自己的问题,并主动承担起解决问题的责任。他们除了要对问题做出清晰的表述、设计与实施解题方案、监控解决问题的过程、对答案进行检验以及在解题后进行总结与回顾外,还应该承担问题解决的后果。相应地,课堂动力发生了变化,学生成为教学的推动力量:他们将决定课堂的方向,他们将决定最后的学习结果,他们将成为真理的拥有者……而教师被推到了旁观者的境地。那么,是否认为教师在问题解决教学中是不起作用的呢?其实,这只是表明教师在教学中的作用应当与"知识的拥有者和授予者"有完全不同的理解。

在问题解决教学中,教师的启发、示范应该旨在帮助学生学会数学的思维,而不能变成代替学生思维、解决问题。例如以下做法就是不恰当的。

问题:寻找$\frac{1}{4}$的$\frac{1}{3}$,使用模块画出你的答案。

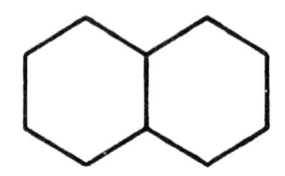

师:"的"字前面的分数是多少?

生:$\frac{1}{4}$。

师:标出这两个六边形的$\frac{1}{4}$,注意啊,这个$\frac{1}{4}$是四个相等部分的一份。

(生给两个六边形的$\frac{1}{4}$涂上阴影)

师:(指着$\frac{1}{3}$)这个分母告诉我们把这$\frac{1}{4}$阴影部分分成三部分,分子告诉我们答案是这三部分中的一部分。好,现在把阴影部分分成三个部分,并且标识它们。

(学生照着老师说的做)

师:那么你的答案是多少?

生:$\frac{1}{6}$。

师:多少个三角形才能填充完两个六边形?

生:12个。

师:那么你的答案是多少?

生:$\frac{1}{12}$。(并写在本子上)

这个案例中教师的典型做法是:只是给予该如何做的指令,而不是启发学生思考,希望学生依靠自己的努力去得出答案。这样,教师的指导就变成了包办任务,并不能真正解决学生的疑难。

第四节　初中数学教学设计实例

"一元二次方程"教学设计

舞阳县孟寨镇第一初级中学数学组王元亚

【课标内容】

能根据具体问题中的数量关系列出方程,体会方程是刻画现实世界数量关系的有效模型。

【设计理念】

根据现实中的具体问题抽象为数学问题,然后通过计算、推理、归纳解决数学问题并建立数学模型,即一元二次方程模型。

【教材分析】

本节课介绍了一元二次方程的概念及一般形式,一元二次方程的学习是一次方程、方程组及不等式知识的延续和深化,也是函数等重要数学思想方法的基础。本节课是研究一元二次方程的导入课,为进一步学习一元二次方程的解法及简单应用起到铺垫作用。

【学情分析】

学生在七、八年级已经学习了方程的有关知识,在此基础上,本节课从实际入手,抽象出一元二次方程的概念以及一般形式,同时九年级学生观察、类比、概括、归纳能力也都比较强,但对应用题的分析能力仍需进一步提高。

【教学目标】

1. 通过丰富的实例,类比一元一次方程,了解一元二次方程的概念及一般形式 $ax^2+bx+c=0(a\neq 0)$,分清二次项及其系数、一次项及其系数与常数项等概念。

2. 在探索问题的过程中使学生感受方程是刻画现实世界的一个模型,体会方程与实际生活的联系。

3. 通过用一元二次方程解决身边的问题,体会数学知识应用的价值,提高学生学习数学的兴趣,了解数学对促进社会进步和发展人类理性精神的作用。

【重点难点】

重点：通过类比一元一次方程，了解一元二次方程的概念和它的一般形式。

难点：一元二次方程及其二次项系数、一次项系数和常数项的识别。

【教学方法】

五步教学法。

【教学策略】

1. 通过提出问题，建立一元二次方程的数学模型，再由一元一次方程的概念迁移到一元二次方程的概念。

2. 知识来源于实际，树立转化的思想，由设未知数、列方程向学生渗透方程的思想，从而进一步提高学生分析问题、解决问题的能力。

【课时安排】

1课时。

【教学媒体】

学案和多媒体课件。

【教学过程】

一、预学测查，互助点拨

(一)让学生预学教材，完成学案上的问题

1. 要设计一座高2m的人体雕像，使它的上部(腰以上)与下部(腰以下)的高度比，等于下部与全部(全身)的高度比，求雕像的下部应设计多高。

设雕像下部高是 x m，则有方程：_____。

2. 如图，有一块矩形铁皮，长100cm，宽50cm，在它的四个角各切去一个正方形，然后将四周突出部分折起，就能得到一个无盖方盒。如果要制作的无盖方盒的底面积是 $3600 cm^2$，那么铁皮各角应切去多大的正方形？

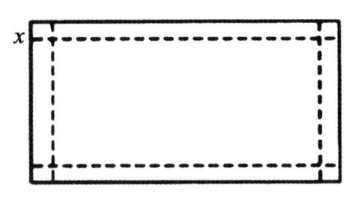

设切去的正方形的边长为 x cm，则有方程：_____。

3. 要组织一次排球邀请赛,参赛的每两个队之间都要进行一场比赛。根据场地和时间等条件,赛程计划为 7 天,每天进行 4 场比赛,比赛组织者应邀请多少个队参赛?

若设邀请 x 个队参赛,则有方程:_____。

4. 一元二次方程的定义:_____。

5. 一元二次方程的一般形式是_____,其中_____是二次项,_____是一次项,_____是常数项。

6. 把一元二次方程 $(x+1)(1-x)=2x$ 化成二次项系数大于零的一般形式是_____,其中二次项系数是_____,一次项的系数是_____,常数项是_____。

(二)交流讨论,明确答案

结论:(1)只含有一个未知数 x;(2)它们的最高次数是 2 次(二次);(3)等号两边都是整式。

归纳定义:等号两边都是整式,只含有一个未知数(一元),并且未知数的最高次数是 2(二次)的方程,叫作一元二次方程。

一元二次方程的一般形式是:$ax^2+bx+c=0(a\neq 0)$。(教师板书)

其中,ax^2 是二次项,a 是二次项系数;bx 是一次项,是一次项系数;c 是常数项。

(三)教师点拨

思考:为什么规定 $a\neq 0$?

强调:一元二次方程定义中的三个条件:(1)是整式方程;(2)含有一个未知数;(3)未知数的最高次数是 2。三个条件缺一不可。

设计意图:通过具体事例让学生小组合作,列出方程。在学生列出方程后,对所列方程进行整理,并引导学生分析所列方程的特征,同时与一元一次方程相比,找出两者的区别与联系,并从一元一次方程的概念推导出一元二次方程的概念。

二、例题示范,提炼方法

例:将方程 $3x(x-1)=5(x+2)$ 化成一元二次方程的一般形式,并写出其中的二次项系数、一次项系数和常数项。

解:去括号得

$3x^2-3x=5x+10$

移项,合并同类项,得一元二次方程的一般形式

$3x^2-8x-10=0$

其中,二次项系数为3,一次项系数为-8,常数项是-10。

学生活动:学生自主解决问题,通过去括号、移项等步骤把方程化为一般形式,然后指出各项系数。

教师活动:在学生指出各项系数的环节中,分析可能出现的问题。

方法提炼:一元二次方程的一般形式中"＝"的左边最多有三项,其中一次项、常数项可以不出现,但二次项必须存在,而且左边通常按 x 的降幂排列,特别注意的是"＝"的右边必须整理成0。

设计意图:通过例题的教学,让学生明确一元二次方程化简的一般步骤,规范学生做题步骤,在巩固本节课基础知识的基础上,体现解决方程问题的基本方法。

三、师生互动,巩固新知

1. 根据下列问题,列出关于 x 的方程,并将所列方程化成一元二次方程的一般形式。

(1)4个完全相同的正方形的面积之和是25,求正方形的边长。

(2)一个矩形的长比宽多2,面积是100,求矩形的长 x。

(3)把长为1的木条分成两段,使较短一段的长与全长的积,等于较长一段的长的平方,求较短一段的长 x。

2. 在下列方程中,一元二次方程的个数是(　　)。

(1) $3x^2+7=0$　　(2) $ax^2+bx+c=0$　　(3) $(x-2)(x+5)=x^2-1$

(4) $3x^2-\dfrac{5}{x}=0$

A. 1个　　B. 2个　　C. 3个　　D. 4个

3. 将下列方程化成一元二次方程的一般形式,并写出其中的二次项系数、一次项系数及常数项。

(1) $5x^2-1=4x$　　　　(2) $4x^2=81$

(3) $4x(x+2)=25$　　　(4) $(3x-2)(x+1)=8x-3$

4. 关于 a 的方程 $(a-1)x^2+3x=0$ 是一元二次方程,则 a 的取值范围是_____。

设计意图:首先让学生在实际问题中抽象出数学问题,并建立一元二次方程模型,再巩固一元二次方程的概念以及它的一般形式,夯实基础,掌握方法。

四、应用提升,挑战自我

求证:关于 m 的方程 $(m^2-8m+17)x^2+2mx+1=0$,不论 m 取何值,该方程都是一元二次方程。

分析:要证明不论 m 取何值,该方程都是一元二次方程,只要证明 $m^2-8m+17\neq 0$ 即可。

证明:

$m^2-8m+17=(m-4)^2+1$

∵ $(m-4)^2\geq 0$

∴ $(m-4)^2+1>0$,即 $(m-4)^2+1\neq 0$

不论 m 取何值,该方程都是一元二次方程。

设计意图:通过一个拓展提高的问题,落实"人人都能获得必需的数学,不同的人在数学上得到不同的发展"的课标要求。

五、回顾总结,反思收获

学生总结本堂课的收获与困惑。

1. 本节课学了哪些主要内容?

2. 一元二次方程的概念是什么?

3. 怎样把一元二次方程转化为一般形式?一般形式包括哪些项?确定项及系数时应注意什么问题?

4. 学习过程中运用了哪些数学思想方法?

设计意图:学生归纳,引导学生梳理知识体系,巩固基础知识、基本技能的同时,建立起自己的思想和见解,培养学生的归纳概括能力,让学生人人成为创客,让课堂成为学习生长的土壤。

第四章 初中数学课程教学与信息技术整合

信息技术主要是用于管理和处理信息的技术。随着科技的发展,信息技术不断更新,在基础教育课堂教学改革的大背景下,以信息技术为载体的初中数学探究式教学与现代人才培养方略高度契合,并能够满足创新型社会人才需要和个性化学习的要求。探究式教学与信息技术的深层次整合,是探究式教学的必要前提,是为教学服务的根本保障。

第一节 数学课程与信息技术整合概述

一、网络技术与课程实践

课程实践是一个具有多重含义的术语。对于不同的人而言,在不同的情境里,课程的内涵和外延也是有较大差异的。事实上,对课程的不同定义都隐含着某种假设和价值取向,也隐含着某一种意识形态以及对教育的某种理解和信念,从而在一定程度上表明了这种课程最关注哪些方面。

1989年,郭元祥先生和施良方先生就"关于课程问题的四十年学术争鸣"这一课题进行研究时,收集了国内外关于课程的50多种定义,发现关于课程的定义,从广义到狭义、从词语本义到引申义、从要素到功能、从课程设计者到实施者、从静态到动态、从过程到结果、从设计到评价,应有尽有。但是这些众多的定义还是可以归为两大类:其一是日常话语的课程概念;其二是学术话语的课程概念。作为日常话语的课程概念,也就是人们在日常生活中对课程产生的具有经验主义特征的理解;作为学术话语的课程概念,严格来说,也是来自生活经验,不过它对课程做了更为广泛而深刻的理性思考和界定。日常话语形态的解释和学术话语形态的解释在一定条件下是可以相互转化的。

什么是课程？日常话语的课程概念是指"学问和学科",而通常又以"学科"的理解为主,比如语文课程、数学课程等。它可以指"一门学科",也可以指"学科的总和"。这种对于课程的理解最接近我们的经验世界。因此,这种理解对于我们的教育实践影响也最大,由于它和我们的直观理解很接近,因而也最容易被接受。但是这一日常话语概念的理解并不能准确说明"课程",因此有必要在此讨论在"新课程改革"中的一系列教育观念的转变,以统一认识。理解课程并不是一个独立的事件,必须考虑整个教育全局的要求。所以,正确认识和处理信息技术与课程的整合,必须树立全新的教育观念。我们将课程中所包含的要素逐一进行理解,以求全面把握课程的含义。

(一)课程即经验

除了将课程理解为"学科"以外,还有诸如"课程即书面的教学计划""课程即预期的学习结果或最终定义"、实践就是经验、实践是被指导的定向活动、"课程即文化再生产"等各种理解形式。这些理解形式并不相互排斥,它们从不同的独立视角揭示了课程的本质。

在此,我们将课程理解为"有指导的学习经验"。正如美国学者泰勒(R. W. Tyler)认为,唯有学习经验,才是学生实际认识到的或意识到的课程。其中"有指导"包含了"有计划、有意图"的意思,即充分肯定了教师及教育机构的教育意志。我国著名教育学家陶行知先生就认为:我们在生活中,接受的一切,都会让我们受到警示,而且我们会在接受与启示中不断的发展、不断的打造自己。就像许多大家所认可的,生活是学校,我们接受的各种教育思想理念,正是"课程即经验"的体现。很显然,"经验的获取和积累"是理解新课程观念的核心。

(二)素材是模板

素材是模板就是学生把素材看作是认识事情的基础,通过这些素材,学生会效仿,为的是形成自己规范的人格,这些素材可能不是所有学生都需要,或者是学生需要所有素材,但不得不承认,它确实让学生认清了事情,能够理性地对比分析事情的表面,并对其深层次的意义进行挖掘,所以素材就是模板。

(三)教师即研究者

教师不再只是在实践过程中起引导的作用,他会变成自我主动频道调适者、情况分析者和补充者。教师不再只是一个知识的传播者,而是学生学习的促进者、帮助者,是真理的追求者和探索者。在全新的教育观念下应当要树立一个积极的、能动的教师形象。

(四)学生是知识的建构者

学生是课程整合过程的主体,对整个学习过程有着自主、自控的权利和责任,在新的教育观念的指导下,学生的角色也随之发生了很大的变化。具体来说,学生由原来的问题回答者变为了问题的质疑者,由原来的被动听课者变为了学习的参与者,由原来的解题者变为了出题者等。总之,学生不再是被动地接受知识,而是主动地进行知识的建构。因此,要实现教育理念从"以教师为中心"向"以学生为中心"的转变,关键在于发展学生的能力,应当努力做到以下几点:

第一,理解学生、不误解学生。教育者必须准确掌握受教育对象的知识结构,掌握他们的实际情况,包括他们的能力特点、学习习惯、情感态度、价值观等,唯有全方面地了解教育对象,才能进行因材施教。

第二,尊重学生、不轻视学生。个体差异是永远存在的,不同地域、民族、性别的受教育者在学习能力和学习效果、道德修养和综合素质等方面都可能存在差异,教育者既要全面发展学生的综合素养,还要关注每个学生的个体差异,虽然这些人为因素很难控制,但是作为教育者必须从学生的角度出发,尊重学生并给予其前进的鼓励。

第三,服务学生、不利用学生。教育要以学生为本,要为学生的"学"服务,而教师是学生"学"的过程中的指导者、服务者、支持者以及帮助者,教师不能为了满足自身的需要,而利用学生达到某种目的。

第四,启迪学生、不蒙蔽学生。学生并不是十全十美的,大多数情况下需要通过教育启发使其加强个人全方位的能力,当然在这个过程中教师应注意引导的方式,不能采取训斥、强制等过激手段,教育者要在点滴中通过影响、熏陶和启发,使学生自身逐渐感悟、反省并形成正确的价值观。

第五,激励学生、不压抑学生。以学生为中心的教育模式的根本目的是促使学生扬长补短、各得其所。教育者要充分开发学习者的潜能,不能以固有的评价模式和评价标准去衡量学习者的学习效果及个体能力,并力求建立和谐而又独特的师生关系,推动教育教学改革深入发展。

二、信息技术与课程整合的目标与意义

(一)形成自我主动的态度

终身教育是现今流行的一种教育思潮,其思想渊源可以追溯到古代。20世纪60年代的法国人郎格朗认为终身教育是与有限的学校教育相对的,它贯穿于一个人生命的整个过程,影响着学习者生活的各个方面,是全面性和连续性的统一。联合国21世纪教育委员会将其描述为"与生命有共同外延并已扩展到社会各个方面的连续性教育"。

一直学习,一生实践,就是要每个学生能按照自己的现有形式和自身的需求,本着这样的想法,形成连续的计划,进行主动约束,给自己鼓励,用所有的方式达到自己设定的目标的过程。

(二)形成学习者良好的信息触觉

从大的方面来说,信息触觉要有信息挖掘的想法,要有获得的能力,要有一定的道德,要有扶持能力的知识四方面的素质;狭义的信息素养通常指信息能力。信息技术与课程整合就是要培养学习者这些方面的素养,其中信息知识是指学习者要熟悉与信息技术相关的常用术语和符号,了解与信息技术相关的文化及其背景,熟知与信息获取和使用有关的法律和规范;信息能力是核心,要求学习者有对信息的挑选、获取、分析、加工、创造、传递、利用、评价和系统安全防范的能力;信息意识是要

培养学习者对客观事物具有价值信息的觉察、认识和力图加以利用的强烈愿望,要有信息抢先意识、信息忧患意识;信息道德的主要内容是要求学习者诚实守信、实事求是。在信息传递、交流、开发利用等方面服务社会群众、奉献社会,并且要努力促使学习者自觉遵守一定的信息伦理道德标准来规范自身的信息行为与活动。

(三)形成实践方法

在高端网络技术的参与下,在现有学习环境中,实践者的实践方式都发生了改变。实践者最主要的是利用信息化平台以及数字化资源获取知识,而不再是单纯依赖于教师的讲授和对课本的学习。实践的主体——园丁,要与实践的参与客体相互合作、相互配合、分享素材、扩宽思路,在研究、发现、改变、展示中进行实践。学习终端不再是单一的纸质版,还有更丰富多样的电子终端,例如阅读笔、图形计算器、表决器、手机、平板电脑以及各种体验式的学习终端,这些功能强大的学习终端对当今时代的实践者学习的意义给出认可的信号。所以,将高端网络与实践融合,会让学生接触到最极致的实践方法。

三、现代教育信息技术与课程空间要素的整合

课程的空间要素包括课程的编制者、学习者、课程内容和环境四个方面。高端网络与实践融合的低层要求是从实践空间要素角度出发,就应该会有实践从业者的合作、实践接受者的配合、实践内容的符合、外部环境的吻合。在这之外,最应该有的是还原学习原有的模样,回归其本身,以自身为主的整体结合。下面将对课程空间各要素进行分别探讨。

(一)关于课程编制者

课程编制者主要指对课程进行编排、组织,并能够形成一定的方案或计划等有联系的参与者,可能是有联系实践相关的政府官员、实践的专家、教育技术专家,也可能是实践学校的相关领导以及课程具体实施人员即教师。在这一空间要素上基于课程编制者的整合,主要是采用一定的训练或相关的探索形式,使实践编制者们学习与实践有关的基本知识、基本理论,掌握现代信息技术,具备一定的实践素质和信息元素,并

在此基础上形成开展高端网络技术和实践结合的低层技能需求,使现有的信息实践的采用能力有所提高,在所有方面开发出符合时代需要、满足学生发展需求的信息化课程。同时在课程研制开发的过程中,课程编制者也要充分利用信息技术收集、加工、处理、整合各种信息。在编制文字教材的同时,综合利用现代信息技术设计、开发与教材同步配套的教学软件。

(二)关于课程学习者

课程学习者主要是指学生,是学习课程的人。从学习者的角度来说,这一要素上的信息技术与课程整合就是要利用信息技术来营造一种师生之间相互平等、相互尊重、共享自由的关系和氛围。需要指出的是,学习者实质上也是课程编制者的一个有机组成部分,但在传统课程的编制过程中,往往都忽视了学生编制者这一有机组成,所以这方面的整合策略还需要组织建立相关的制度,确定相关实践者的从业地位,形成课程实践者的整体结合的意识、行动能力、获得能力,让他们一同参与高端网络与实践整体结合的设计、落实和最终的定位。在课程的学习过程中,以及在参与课程编制的过程中,学会利用信息技术获取信息,处理加工信息,建构自己的知识体系,学会利用信息技术与学科专家、教师、家长、学习伙伴等进行交流,同时还要不断地培养自己的信息道德素养,在整合实践中得到提高和发展。

(三)关于课程内容

课程内容是指各门学科中特定的事实、观点、原理和问题,以及处理它们的方式,它是学习的对象,源于社会文化,并随着社会文化的发展而不断更新变化。基于课程内容的整合,主要策略有以下三个方面:一是要将信息技术作为课程内容,并且要确立和加强其在学习中的地位;二是其他课程内容,并且适宜用信息技术作为其载体的,要充分利用信息技术来加以传播;三是信息技术并非万能技术,还需要为可能用网络用语、符号等无法表示的部分保证必要的转换空间。

(四)关于环境

课程要素中所提到的环境,是指影响人的学习及其活动的各种文化因素的总和,它包括了对人的学习具有影响作用的各种空间内的各种相关要素,同时也包括了实践进程中的有联系的要素。从外部空间来看,有校园环境和社区环境,其中校园环境具体来说包括教室环境(如实验室、教学场地等)和宿舍环境;社区环境包括家庭环境在内。通常提到的实践空间,如果从人的学习及其活动功能实现与现存状态的角度来看,其内容就更加丰富,包括了生理、心理、物质、交往和活动等。

(五)关于以人为本的课程空间结构

1. 网络手段与实践整体区域结合

网络手段与实践的整体结合是在实践的四个整体元素结合的基础上,实施回归学习本源的整体实践结构的综合方法,其根本就是,使网络手段的扩展得到好的发展,实践的整体要素也得到好的运用。扩展网络技术和运用好整体实践要素的关系,可以通过以下三种方式来实现:一是"学习信息技术"(Learn about IT),把高端的网络技术作为模仿的榜样,主要包括对网络技术课程内容的学习,对高端网络技术基本技能的掌握,以及信息技术对社会的影响和作用的了解;二是"用信息技术来进行学习"(Learn with IT,缩写为:L-with IT),使信息技术成为教师、学生进行教与学活动的工具;三是"在信息技术中学习"(Learn in IT,缩写为:L-in IT),基于信息技术的教育文化环境开发,文化环境包括了物理环境、资源环境、社会性环境三个方面。

2. 网络技术与整体实践的元素结合

网络手段与课程整合不仅在于空间维度上,更是参与到课程研制的整个过程中。从理念、目标,到内容、评价均有所涉及。

在实践的纬度上,课程是一个动态的过程。将实践运用过程归纳为:形成实践理念—确定目标—择取内容—组织内容—学习经验—学习活动—开展课程评价。这些策略或者说是这些要素的相互关系、时序逻辑可以按照图4-1来理解。

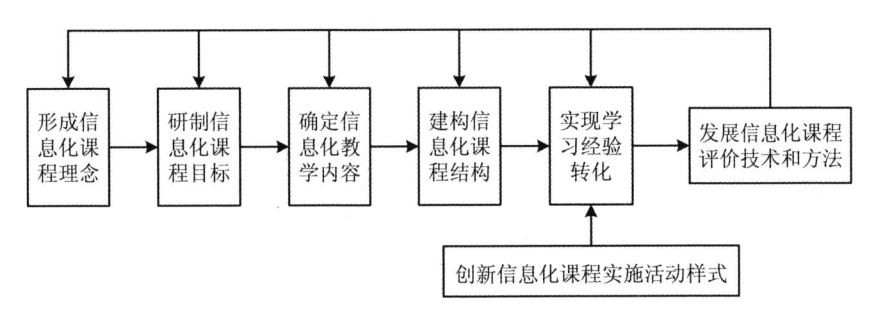

```
形成信息 → 研制信息 → 确定信息 → 建构信息 → 实现学习 → 发展信息化课程
化课程理念   化课程目标   化教学内容   化课程结构   经验转化     评价技术和方法
                                              ↑
                                    创新信息化课程实施活动样式
```

图 4-1 课程时间要素的时序图

这七个环节在整个教学过程中扮演着不可代替的角色，就像各个组成部分一样，为了达到预期的效果，必须有效地合作，不过分强调其中某一个环节，但也要准确指定每个组成环节对所要到达的目标做出的贡献，以及它们之间存在的相互关系。七个环节层层递进，下面我们将对每一个环节做简要介绍。

(1)形成信息化课程理念。要实现信息技术与课程实践要素的整合，首先就要求在具体实施整合之前，课程研制者要形成一种信息化课程理念。理念指导着课程研制者的实践活动。这一步很重要，它直接关系到其他要素整合的成败与否。高端网络技术实践理念也就是形成网络实践的哲学，它包括两方面，一个是一般化的，另一个是个性化的。网络技术实践理念包括社会、个人、知识等要素，其中网络技术、文化艺术、心理学艺术、生态主义艺术是主要来源。

(2)研制信息化课程目标。网络技术实践目标的基础是现有教育的目标分支，突出信息文化、发展需要而形成的、对学习者通过课程学习后应该表现未来的可见行为的具体的、明确的表述，是一系列可参照执行的基本标准。因此，我们不仅要大力投入组建教育实践项目分支体系，还要在运用原有的教育实践目标要素之上，结合信息技术的特点和实际要求，研发更新网络技术实践目标。

(3)确定信息化教学内容。择取网络化内容选择主要是指在选择一般文化内容的基础上，还要选择文化发展方向的信息技术的精华，从容地把二者紧密地结合在一起，重点突出信息技术与一般文化之间的关联性的内容，拓展学生学习内容的范围，改变传统课程中内容单一、固化、相互分离的现象。

(4)建构信息化课程结构。课程结构是指课程各部分之间的排列组合,也就是研究实践的所有组成部分是如何联系在一起的。高端网络技术包括了表面结构和内在结构。在表面层面,网络技术实践是认识学生学习的根本技术,它是想把我们的网络技术实践结构从原来的单科,发展到整科领域结构。这也是世界范围实践改革中重新组合的新趋势。在内在层面,需要每个单科领域贯穿网络文化的内容。

(5)实现学习经验转化。网络技术与实践的整体结合是要让学生在课程中了解到深层次的意义,并不是一味地重复、机械地做事情。在以往的实践中,"内容"化为与学习者分离的特殊文化,教育被异化为从外部将"内容"灌输给学生的过程。为解决这一问题,就需要形成一种把内在变为经验,运用实践组成新方式,把经验变为现实。

(6)创新信息化课程实施活动样式。课程实施是指把新的课程计划付诸实践的过程,其研究关注的重点是课程计划实施过程中实际发生的情况,以及课程实施的各种影响因素。信息化课程实施活动则是指在信息化课程实施过程中开展的各种教学或学习活动,如教学、自学、管理以及其他各种活动。目前,在学校教育中运用的比较多的课程,如探讨研究、组织活动、发现选择以及合作学习等。这一环节是对实现学习经验转化的促进,通过多样性的实施活动,促进学习经验的更好转化。

(7)发展信息化课程评价技术和方法。课程评价是指研究课程价值的过程,是由判断课程在促进学生学习方面的价值活动构成的。这一环节不仅仅是七个环节的结束,同时它又是这个实践要素整合过程的开端,它对其他环节起到了修正改进的作用,通过评价,不断修正前面的环节,使整个系统更适合于结合发展。

四、现代教育信息技术与课程整合的形态

(一)信息技术作为学习内容

Learn about Information Technology,简写为 L-about IT,直译就是"学习信息技术",就是将信息技术作为一个专门的学科开设,旨在让人们掌握赖以生存的重要工具——信息技术。

高端网络技术实践的主要目的,是本着扩展学生的网络资源、扩展

信息要素为出发点,把网络技术当作研究的榜样,学生有效地掌握高端网络技术的基础知识,学习网络技术的基础技能,掌握一定的网络技术。但同时,高端网络技术实践的运用并不是仅仅为了学习网络技术本身,更重要的是要让每个学生形成自己的个性,并得到更好的展现,会运用网络手段促成多方的交流、合作、打开眼界,提高判断水平,运用网络技术完成问题的落实,做好一生学习的准备,要知道高端网络信息的明确,是我们每个人的权利,也是我们应尽的义务。我们要按照它的规定,形成与网络技术相匹配的观念和感觉,为打造出适合社会的复合型人才提供支持。根据信息技术新课标(课程标准),信息技术作为学生学习的学科科目包含了三个方面的内容:知识与技能、途径与方法、个体态度与价值观。

(二)信息技术作为学习环境

Learn in Informance Technology,简写为 L-in IT,直译为"在信息技术中学习",就是在信息技术构筑的环境中学习。在这样一种模式下,信息技术扮演了一个环境角色,这个环境包括了提供的物理环境、资源环境和社会性环境,这种模式一般融入前两种模式中,不单独发挥作用。

1. 提供物理环境

信息技术提供物理环境,主要是指由各种信息技术、信息传播媒体及运作软件组成的物理环境,如设备、媒体等物质性环境。目前越来越多的中小学在加紧建设计算机室、多媒体综合电教室、电子阅览室、多媒体语音室等,配置数字幻灯机、投影仪、实物展示平台等,信息技术物理环境的建设已初具规模。

随着信息技术本身的发展,这些原本独立的环境逐渐相互融合起来,形成了目前中小学中应用最为普遍的"多媒体网络教室"。一般来说,多媒体网络教室包括虚拟 Internet 教室、电子阅览室和多媒体语音室,其主要功能包括教学示范、广播教学、屏幕监视、资源共享、个别辅导、协作讨论、远程管理等。多媒体网络教室是由实践客体机、实践主体机以及汇总支持器构成。实践客体机和实践主体机联系起来构成大平台的教学网络,而大平台的媒体影音多通过转换影音设备与实践客体机相连,由主体自己把握。教学网络平台由数据汇总支持器转换到中心处理服务器完成,再把打印设备、扫描设备、投影设备的外置设备连接到中心处理服务器上,接受平台媒体影音教学网的控制和支配。中心处理服务器能和校园网的多媒体教学网连接,进行信息交流。

2. 提供资源环境

信息技术提供资源环境,主要是指利用信息技术提供丰富的教学材料和资源,是以提供教学信息服务为主的系统。该系统的特点:一是拥有大量的信息资源;二是提供自由的访问。这些材料和资源是为教学目的而设计的,但有些资源并非为教育而设计,但因其具有教育利用价值而被用作教学资源环境,如电子化图书馆。

利用信息技术构筑的资源环境,具有三个方面的性质:选择性、结构性和开放性。随着信息技术教育环境在中小学的不断完善,各种教学和学习资源也逐渐积累起来,这种在信息技术环境下,特别是在计算机和网络环境下的电子化实践,需要的素材有网络书刊、模仿场所、数据集合、电子百科、教育网站、电子论坛、虚拟软件库等。

3. 提供社会性环境

信息技术提供社会性环境,主要是指利用信息技术,特别是计算机和网络通信技术,可以为学习者之间、师生之间、师生家长三者之间创造和提供一个相互交流、相互学习的平台。

这种社会性的环境中既有真实的人人之间的交互行为,也有人与虚拟的学伴之间的交互行为。例如,虚拟学伴,它主要是利用计算机来模拟教师和同级学生的行为,从而形成一个虚拟的社会学习系统。随着信息技术的不断发展,现今还可以利用网上群体虚拟现实工具 MUD/MOO(multiple-users dimension 或 muliple objeet oriented)支持异步式学习交流,以这种形式来创建虚拟学社。这样一个平台,一个模拟空间,会给我们提供很多向外界传递的工具,有电子邮件、word 文档、电子期刊等,都会不同程度地联系学生同伴之间、小组之间,甚至是班级之间的各种学习活动和校园文化。利用信息技术来提供这种社会性环境的实例除了上面提到的虚拟形式外还有很多,如统一合作的实验场所、模拟的实践场所。统一合作的场所把现实的实验情景与模拟的实践合成在一起,它是用高端的网络手段解决现实的问题,统一的实验场所把实践者分成很多个部分,所有实践小组都会组成一个小型社会。在整个过程中,只有组织者、领导者能够获取最大的资源,其他成员只是向组长表述想法和观察实验过程和结果。而且,每个部分的每名参与者都会有自己负责的方面,主体在整个过程中,对每名参与者的表现、成果进行把控。模拟场所是指用高端的网络技术建造的实践区域,使不在同一处的组织者与参与者都能够及时了解到所有的情况,还可以用网络边界的通信功能做到正常实践场所能做到的活动,还可以不同步教学。

五、数学课程与信息技术整合的作用

(一)树立数学课程与现代信息技术融合的观念

现代信息技术对数学课程的影响在观念上的意义远大于其实际意义。现代信息技术本身是新一轮数学课程改革的直接动因,也是这场改革不可或缺的重要条件。现代信息技术为数学课程改革的理想提供了切实可行的方案、技术、方法和工具,是营造新的数学学习环境、实现数学课程改革理念的一个重要保障。数学新课程提出信息技术与数学课程的整合理念,着眼于现代信息技术对人思想上的影响,同时也反映出加强这方面建设的紧迫性。

(二)利用信息技术改变学生的学习方式

把信息技术引入数学课堂,强调的是利用信息技术创建理想的教学环境、全新的学习方式、教学方式,从而彻底改变传统的教学结构与教学过程,使信息技术成为学生自主学习、合作学习、探究学习的"助推器",充分调动学生学习的主动性与积极性,从而培养学生的思维能力与实践能力。事实上,信息技术的巨大优势在于:能够创建形象生动、丰富多彩、人机交互、及时反馈的数学课堂环境,在这样的环境中,学生可以利用信息技术模拟现实情境,构建数学问题模型,开展自主学习。

把信息技术引入数学课程,使得数学的教学面貌发生了前所未有的变化,信息技术开始成为数学教学中的基本要素,它将成为教数学、学数学和做数学的必要工具。我们应该充分发挥先进技术的特殊功能,建构支持学生学习的信息环境,使学生集中精力于决策、反思、推理和问题解决,借助信息技术的帮助,学生通过观察、实验、归纳进行合理的数学猜想;通过学生的亲身实践而获得对数学知识的深刻理解,体验数学思想方法的真谛;通过更高层次的数学概括与抽象领悟数学的本质。

(三)有利于改革教学方式,提升教学效果

信息技术与学科教学的整合就是通过营造一种信息化的教学环境,将信息技术有效融合于学科教学中。在该环境中,传统的"教师讲、学生听"的教学方式必须革新。一种既能发挥教师主导作用,又能体现学生主体地位的以"自主、探究、合作"为特征的教学方式应运而生,新兴教学方式把学生的主动性、积极性、创造力充分地发挥出来,使传统以教师为中心的课堂教学结构发生根本变革。

信息技术与课程整合可以充分利用各种资源的最大潜力,实施高质量和高效率的教学。学科教师利用信息技术授课,延长师生交流的时间,也更有利于学生与教师的深层次交流与沟通。而且,通过计算机联网,可以大大减少教师的劳动量,教师可以从大量的备课和讲课的任务中解放出来,能把较多的精力投入到教学和科研活动中,使教学活动从劳动密集型转变为技术密集型,从而提高教学活动的效率。

在这样一种教学环境中,教师充分利用信息技术进行备课、授课、师生交流、评价,大大提升各种教学活动的效率,并能获取良好的效果;学生充分利用信息技术开展自主式、探究式学习,在平等、民主的氛围中,从丰富的资源中获取更多的知识,并在该过程中锻炼解决问题的能力。

(四)有利于培养学生的创新能力

学生创新能力的培养需要理想的教学环境支持,信息技术整合于学科教学,则可为培养学生创新能力营造理想的环境,主要体现在以下四个方面:第一,现代教育技术的最新理论为学生创新能力的培养提供理论支撑;第二,基于计算机的多媒体课件平台有利于发展学生的直觉思维;第三,优秀的多媒体课件可以提升学生的形象思维;第四,基于计算机网络的"协作式学习"和"发现式学习"有助于学生辩证思维和发散思维的培养。

(五)有利于提高学生的信息素养

信息技术与学科课程整合是培养学生信息素养的有效途径。所谓信息素养,一般包括信息能力、信息意识和信息道德。信息能力指具备获取、判断、处理利用、发布、传递信息的能力;信息意识是指运用信息的习惯,知道什么时候运用信息;信息道德是指在利用信息时要遵守伦理道德、社会公德、法律法规。

(六)努力发掘信息技术的强大功能

信息技术的作用与教师的作用之间存在一种辩证的关系。一方面,教育需要技术,信息时代的数学教育更需要信息技术,但任何先进的技术都不能取代教师的作用。所以应该采取优势互补的教学策略,既最大限度地发挥信息技术的优势,又最大限度地发挥教师的作用,把两者完美地结合起来。我们强调传统教学的优势必须保留,如教师的示范作用、教师与学生之间的情感交流、教师的课堂组织。

如果教师一句话能说明的就不必非用信息技术演示不可,需要训练学生抽象思维能力的就不要马上展示一个具体直观的画面,需要让学生动手画图时就不要借助信息技术。如何利用信息技术促进学生的数学活动和体验,信息技术在数学课堂中应用的位置(对内容而言)和时机(对教学环节和进程而言)如何安排,应该用多少、以哪些形式应用,怎样避免"技术炫耀"而实实在在地促进数学教学目标的达成等问题,都值得我们深入思考。并非所有的内容都适合利用信息技术,有些题材在传统的教室里用粉笔加黑板的效果也不一定比用计算机处理得不好。另外,即使要利用信息技术也应该从教学实际需要出发,不应走入"信息技术表演"的误区。

另一方面,我们也不能低估信息技术在数学教学中的作用与优势。计算机所具有的强大的作图功能以及运算功能可以有效地弥补传统教学的不足。实际上,数学的教学内容与其他科目相比较更加抽象,学生在学习某些内容的时候,常常难以掌握,因此形成了所谓的"教学难点"。而粉笔加黑板的传统手段对于克服这样一些教学难点也往往"捉襟见肘",但借助现代信息技术,可以有效地把那些抽象的、难理解的数学内容具体化、形象化,通过动态演示等方法可以弥补传统教学手段在直观感、立体感和动态感等方面的不足。这样,不仅可以激发起学生的学习兴趣,而且为进一步的抽象思维奠定了一个良好的直观基础,从而有利于在课堂教学中突出教学重点,突破教学重点。例如轨迹的形成、图形的变换以及计算或估算的精确性等许多数学问题,借用信息技术来处理就可以有效地提高教学的效果与教学的效率。

第二节 多媒体辅助教学

计算机多媒体技术和网络技术应用于教育领域,对教育改革带来了极大的冲击,给强调以学生为中心的学习理论带来了勃勃生机。"情境、协作、会话、意义建构"是学习环境中的四大要素。[①] 在教学设计时强调对学习环境的设计,强调利用多种信息资源来支持"学",其教育的宗旨便是在教学中充分体现学生个性的光彩,使学生真正成为学习的主人。信息技术介入课堂教学,能够有效地改进现有的课堂教学资源和模式。通过发挥计算机网络资源丰富、便捷的特点,发掘学生最大的学习潜能,最大限度地提高教育质量。因此,信息技术对课堂教学的影响逐渐引起我们的关注。

一、使用信息技术需要注意的问题

课堂教学中现代教学信息技术的应用,使教师对课堂教学管理增加了一个难度。运用现代教学信息技术进行教学是一个由教师、学生、教学内容和现代教学信息技术组成的教学管理系统,比传统意义上的教学系统要复杂,因此在研究信息技术对教学的影响时应多角度、全方位地思考,它对于教学各方面的影响是相互联系、相互促进的。我们提倡使用信息技术辅助教学,但不能滥用,在数学课堂中使用信息技术应注意以下三个方面的问题:

---

① 冯忠良.教育心理学[M].北京:人民教育出版社,2000.

第一,影响教学效果的因素是多元的,教师、学习者、信息技术特性、课堂管理都会影响教学的效果。教学是一个动态的过程,随机出现的教学事件有很多,因此在课堂实施教学中,应注意调控各影响因素的关系,而不应只关注技术的应用。

第二,对信息技术目标型策略的运用有一定的适用范围,不能一味模仿别人。在了解这些教学目的、具体教学内容的同时,注意所选择的信息技术适用于哪个年龄层的学生,教师还要根据自身特点,设计选择出适合自己个性特点的有效策略,尽可能发挥自身的优势,弥补自己的不足,这样才能取得好的教学效果。

第三,研究信息技术对教学的影响不能局限于个别信息技术的影响,要综合考虑信息技术对整体教学效果的影响。创设一个批判和支持的环境,通过课堂时时记录的方式,如对课堂实施跟踪监控、课后与学生对话、反思学生的课堂需求等。通过这些记录,及时做出信息技术对教学影响的结论,从而使最优化教学过程的思想成为具有可操作性的现实,使信息技术真正成为辅助教学不可替代的工具。

二、借助常用的信息技术工具(软件)

常用的信息技术载体有以下几种:

1. PowerPoint

PowerPoint 是一种用途广泛且简单实用的基本工具,被称作"现代化"的小黑板。利用 PowerPoint 展示课程内容,可以做到全面、有序、系统;回答与讲解、解答与矫正并存,展示问题多样化;实现问题和概念的重复播放,为学生提供重复学习、观察的条件;对相近的问题进行对比分析与理解;对问题可以由浅入深,逐步解答,加深学生的理解。

2. Flash

将数学教学中的抽象问题通过动画形式展示,可将复杂的问题直观化、明确化,帮助学生快速解决问题,同时给学生以新奇的感觉,提高其学习热情。例如,方程在数学学科中占有很大的比重,这一部分内容是初中阶段学习的重点,也是一个难点。特别是方程的应用部分对学习能力中等偏下的学生来说，困难较大，他们普遍对应用题有一定的畏惧感，对它的学习多少有一定的厌烦情绪，由此感到数学的内涵无法想象、感应与体现。应用题部分既抽象又具体，是实际生活问题与数学思想的结合体。在学习这部分内容时，题目叙述的问题难以搬入课堂，只凭学生的想象理解有一定的难度。利用信息技术可把文字转化成动画，虚拟现实，把生活中的现象进行情景再现，将教学内容动态化、形象化，让学生身临其境，在头脑中唤起具体事物的表象，由此唤起学生学习的欲望，提高注意力，自觉主动地参与到学习中。

课例 4-1 行程问题的讲解的引入。

在 Flash 里画一只色彩钟表，一人在以一定的速度运动，用钟表计时。

整个画面是人在运动，钟表在转动。画面会给学生以新奇感，学生的注意力会很快集中到教学中。

教学要点：让学生观察画面并叙述画面中呈现的内容，由此引入课题方程的应用——行程问题，然后熟悉速度、路程、时间三者的关系，强化三者关系，加深记忆。

课例 4-2 相遇问题的实例动画呈现。

A、B 两站间的路程为 448km，一列慢车从 A 站开出，每小时行驶 60km；一列快车从 B 站开出，每小时行驶 80km。

(1) 两列车同时开出，相向而行，经过多少小时相遇？

(2) 慢车先开 28 分，两车相向而行，快车行驶了多少小时两车相遇？

Flash 画面：第一幅是一辆红颜色与一辆绿颜色的汽车从 A、B 两站以不同的速度同时相向运动；第二幅是快车从 B 站先行 28 分钟后，慢车从 A 站开始运动，在 C 点相遇，汽车下面有两条红、绿线条随汽车的运动而加长，表示两辆汽车各自行走的路程。

教学要点：非常容易地实现学生对行程问题这一知识点的学习。虚拟现实，让学生目睹实景的再现，并把抽象的转化为具体的，化静为动，使学生在头脑中产生具体的实物表象，使学生主动参与学习与探讨，调动了学生的学习积极性。

第三节　大数据在初中数学教学中的应用

随着新技术的发展,借助信息化系统,教师可从多个维度了解学生的情况,这类教学实践因依托数据技术而被统称为"基于数据的教学"。一方面使教师可以根据学生的学习行为进行教学干预,即开展试卷讲评课,另一方面能够系统全面地记录学生的特性、学习需求和学习行为,为不同类型的学生选择性地推送学习资源,给予个性化发展指导。随着技术不断进步,阅卷方式也在发生着变革,试卷讲评课因依托于数据的挖掘和分析而走向精准。

一、基于大数据试卷讲评课的特征

大数据通常指科学实验、测试、统计数据,具有大规模、长期测量、记录、保存、统计、分析等特征。在教学中,大数据是教学改进的主要指标。除测试的结果外,教师还可以挖掘学生的努力程度、学习态度、智力水平、领域能力、交互协作等深层次的有价值的数据信息,揭示隐藏的学习行为和其他内容。一方面,教师可以根据学生的行为分析学生的知识基础和认知能力,对学生的个性化教学进行个性化设置,开展教学工作。另一方面,大数据可以系统、全面地记录、跟踪和控制学生的学习特点、学习需求和学习行为,提升不同类型学生对学习资源和教育途径的适应性,支持学生构建知识结构和学习方式,提供个性化的发展方案。

试卷讲评课是教师根据学生学习表现或考试后的反馈信息重新设计并组织教学的常见课型。其以学生的答案为基础,充分利用学生答题中生成的教学资源,对学生的错误进行归因分析,对学生创新解法进行提炼,对解题规律进行梳理,达到纠正错误、拓宽思路、总结规律的目的。试卷讲评是知识再整理、再归纳、再操作的过程,对学生所学知识的修正、巩固、改进、扩展和深化起着重要作用。试卷讲评对于学生而言是帮助学生掌握所学知识,提高能力;对于教师来说,这是探索解决问题的方法、寻找规则和提高学生解决问题能力的有效方法。试卷讲评的关键在于怎样讲解和如何评价。

(一)教学有效性是关键

课堂教学中的"有效"是指教师在教学中所用的时间少、消耗的资源少,获得的教学效果较显著。教学效果并不在于教师是否完成了教学任务,而在于学生获得了多大的收获。学生没有收获或者根本不想学,即使教师再努力,也是没有用的。同样,如果学生学习很努力,但学习收获并不大,那教学也是低效甚至是无效的。因此,学生是否有学习收获或发展是衡量有效教学达成与否的唯一指标。

教学的效率在于学生的学习。学习效率应该从学习速度、学习结果和学习体验三个维度来考量。首先,学习速度是学生学习特定内容所花的时间,学习效率的提高不仅不能以延长学习时间来实现,而且不能以牺牲学生身心健康为代价。其次,学习结果是学生的变化、进步和成就,学生不仅要学习教师所教的知识,还要将其内化成为个体的知识系统。最后,只有学生能体验到学习的乐趣,并享受学习的乐趣,才能养成良好的习惯,树立终身学习的意识。

(二)教学模式要科学

教学模式可以定义为一些教学思想或理论指导下的相对稳定的教学框架和教学过程。作为一个结构框架,教学模式从客观的角度提出了整个教学活动与教学模式内部要素之间的关系和作用,强调模式的运行秩序和可操作性。

二、基于大数据的试卷讲评课的教学实施操作

大数据的到来不仅影响着我们的生活方式,改变着我们的生活习惯,而且以一种不可阻挡的态势影响着教育。对于教育生态中的重要组成部分——教师而言,这种影响同样具有"不可逆转性"。我们应顺应形势,借助大数据的特点,优化教育教学行为。对于未来的课堂,教师要能够根据数据分析了解学情,锁定教学内容,更加有的放矢地开展教学,不

能因把握不准学情,一厢情愿地教授学生已经懂得或者已经学会了的知识。普通教师授课,可以根据数据分析及时进行有效评价,这就像面前坐着一位专家,能够随时指出课堂教学的优点和疏漏一样。

(一)基于大数据的试卷讲评课的流程

试卷讲评课的有效实施可分为五个环节:一是科学的命制试题,二是真实流畅的数据采集,三是精准到位的课前准备,四是务实高效的教学过程,五是因材施教的课后巩固。五个环节层层递进,形成了一个基于大数据的试卷讲评课的操作流程。

1. 第一环节:命制试题

根据测试的目的不同(如单元测试、期中测试、期末测试、竞赛等),试题命制的难度不一样,侧重点也不同。教师在教学过程中必须能够科学地命制试题,这是教师的一项基本的专业能力。开始命题时,教师应制作双向系目表,即在考前对考点考量的分布和难度等有预估,并根据命题时制定的知识维度能够最终实现对每个学生的每个知识维度进行分析统计,使分析结果更精确。

依托网络系统提供的试题资源和试卷资源,教师能够实现快速科学的试题命制。测试问题有问题类型、答案分析、提示点、困难度、区域、组织时间、学生答题时间、平均成绩等信息标识。网络系统具有知识点组卷、同步组卷、学情组卷、专项组卷、模拟组卷五类智能组卷方式,其生成试卷的知识点、题型、难度、顺序等都能够在系统中得以显示,便于教师制作双向系目表,并对生成的试卷再编辑。此外,网络系统能够及时更新,提供支持性响应和详细分析,并支持下载和打印等功能。

2. 第二环节:数据采集

教师可利用网络系统采集数据。网络系统将阶段测试、期中测试乃至平时的作业或测验均纳入网评当中。网络系统对试卷答题卡提供三种数据采集模式,以满足不同场景的数据采集需求。

考试网阅模式(先扫后阅):这种模式适用于年级统考、校际联考,教师可以随时随地移动阅卷。

测验手阅模式(先阅后扫):这种模式适用于普通测验、课后练习,最受教师们欢迎,教师可以将批改留下痕迹。

日常练习模式(智能批阅或"手机采集＋自动批改"):这种模式适用于在线作业。

系统及时生成多维数据供教师分析提取。依托考试网阅模式、测验手阅模式等多种数据采集方式,能够实现全场景动态数据的采集与分析,形成可信、多元、多层级的评价报告。

3. 第三环节:课前准备

网络系统存储了批阅的数据信息,并能够对这些数据信息进行系统分析。教师进入"检测报告"中的"班级报告",便可查看分析结果。"班级报告"中包含以下模块:学情总览、试卷讲评、试卷分析、成绩单,提供阶段性作业和考试的成绩分析、班级薄弱点及高频错题等分析报告。这些内容一方面有助于教师发现学生知识掌握的不足之处,另一方面能够帮助教师确定课堂教学的共性与难点,引入双向教学机制和学习反馈,实现教学的准确评价并提升教学效率。

(1)数据统计分析。教师可以先在"学情总览"界面,通过班级平均分、最高分、优秀率、合格率、班级排名等指标,了解该次考试自己班级的基本考情。如有参考班级还可以了解对应数据,以确定本班级的成绩状况和各同学所处的位置。

(2)统计分析命题。教师进入"试卷分析"界面后,能够看到试卷的基本分析、大题分析、小题分析、知识点分析、作答详情。

试卷基本分析包括对试卷的难度、难度比例(难、中、易)、信度、区分度进行分析,使教师了解试卷的整体情况,进而了解学生的学情。

大题分析主要从题型以及对应的题号、分值、占比、年级均分以及年级得分率等角度进行分析,并对每班平均成绩进行比较分析。

小题分析主要分析问题的数量、对应的问题类型、分数、难度、平均分数,并对班级平均分和本班级得分率进行对比分析。

知识点分析主要列举试卷中对应考察的知识点,以及对应的题号、知识点权重、年级得分率,以及与各班级平均分和得分率进行的对比分析。

(3)统计分析错误类型。网络系统能够分析并解决学生回答中的常见错误,正确找出导致问题产生的原因。

(4)设计试卷讲评课的三维目标。教师应从知识与技能、过程与方法、情感态度与价值观等方面仔细设计试卷讲评课,将考查的知识作为一个整体加以把控,并应加以一定的改变。教师要对考点分布、成绩分析、学生的得分率了然于胸。

知识与技能:针对全班得分率较低的题目及其相对应的知识点和学生未能掌握的基本解题方法的题目,教师应分析解题障碍,给出解题思路与方法,通过进一步练习使学生真正掌握。在前期教学中,对曾多次纠正和梳理但学生仍不明白的问题要分析其问题根源,与进一步学习有关的关键知识和关键技能要进一步深化、拓展。

过程与方法:学生对试题已进行了充分深入的思考,但思路出现偏差,教师应帮助学生理顺思路,充分还原学生思考的过程,暴露隐藏在学生思维深处的错误原因,加深学生的印象,达到纠错目的。教师要集中解决学生暴露出的问题,总结规律、方法与技巧。

情感、态度与价值观:教师可以从设计意图、试卷特性(问题类型、难度、知识和能力分数)、学生的得失等方面进行简要评估,"心中有数,目中有人"。学习评估的过程可以帮助学生梳理知识系统,同时可以将教师的注意力转到学生学习的情况上来,让学生反思解答过程,将知识点链接起来。

4. 第四环节:教学过程

试卷讲评应深入挖掘试卷中各方面的信息,对学生的答题情况以表扬或是提醒为前提,引导学生采用自我纠错或小组讨论交流的方式分析失分原因。教师对于学生解决不了的典型试题应进行详细的归因分析,选择一两道典型题目,进行适当拓展,带出相关联的知识,帮助学生突破思维瓶颈。最后,学生应再次更改试卷的错误,并完成巩固练习题。

试卷讲评课的教学内容要重点从"错例、方法、规律、思路、拓展"展开,这是个系统的教学过程,要求教师精准地把握考点,精讲精析,突出重点、难点,发挥学生学习的主动性,让学生的思维发挥最大的作用。只有教会学生正确解决问题的方法,才能以不变应万变,真正提高教学质量。

5. 第五环节:课后巩固

讲评课后,教师要重视对错误的整理总结、巩固训练、个性化辅导以及和学生的思想交流。学生之间的差异是客观存在的,对于学习能力较差的学生,他们需要个性化的辅导,并在试卷分析后巩固所学知识;对于学习能力较强的学生,他们需要个性化的激励。利用网络系统,教师可以了解每个学生的学习轨迹、长处、弱点等信息,通过一定的操作,每个学生都可以进行个性化的练习,从而更好地实现个性化学习。

考试后,如果教师要求学生写总结,学生们往往会迫于压力,敷衍了事,这样的总结并没有发挥真正的作用。教师应该重视考试后和学生进行书面交流,可以赞美、鼓励,也可以指出学习中存在的问题和努力的方向。教师可与学生面谈,抓住交流的机会,这样既可以增进师生情感又可以让学生树立自信心,改正缺点、走出误区。

(二)提高试卷讲评课的有效策略

1. 精心备课

实施试卷讲评前的准备工作是极为重要的,教师要依托网络获取详细准确的数据统计和分析结果,提升试卷讲评课的精准度。

对所有类型的数据进行准确统计后,还必须对可能被标记为"典型错误""常见错误"进行分类统计,分析错误产生的原因,并制定改进措施。厘清关联试题是极为重要的备课环节,教师要做好归类与变式,将整个试卷当中有关联的试题按照其难易程度来进行排序,将不同类型的试题进行变式,为高效试卷讲评做准备。

对于一些综合题,教师还可以进行解题新法的统计分析。学生的答案往往有许多不同于标准答案的新的解决方案。这些新颖的解决方案是学生能力的体现,是学生思维的火花,对这些解决方案的分析和研究有助于激发学生的创造性,并使教师理解学生的思维。我们应该珍惜并将其融入解决问题的经验系统之中。在网络系统中,教师可以点击"我的讲评卷",系统会自动推介比较好的做法,教师也可以点击"答题统计"中标注"优秀解答"的试卷,浏览"对比讲解"。

2. 挖掘有效的讲评内容

(1)展示错例。教师可以让学生说出或写出自己的解题思路,在课堂上展示自己的真实想法和思考过程,把课堂激活,把学生的思维激活。

通过网络系统快速呈现一些错例(学生试卷),能够培养学生的批判性思维品质,增大思考的力度,提升思考的质量。

(2)讨论思路。教师引导学生思考题目用到哪些知识点以及这些知识点之间的联系、问题解决的突破点在哪里、解决这个问题的最佳方法是什么。

(3)总结规律。教师引导学生总结这一类型题目的解决方法、书写格式等,使学生能够分析问题并了解问题的本质,纠正错误并能够解决同类问题。

(4)梳理方法。教师引导学生突破现有的思维瓶颈,了解测试问题的本质,总结问题解决的方法和技巧,选择典型问题,教会学生思考的路径,帮助学生清理思维路径中的障碍。

(5)引领拓展。教师讲评时不能就题论题,要"借题发挥",善于将原题进行类比、联想、变形。这样学生们会觉得新奇有趣,解决问题的热情可以被激发,思维也可以活跃起来。

3. 掌握试卷讲评课的技巧

(1)重点讲解共性错误。共性错误反映出学生整体知识和思维建构中的薄弱之处,找到产生错误的根源并进行重点讲解,能够提高学生的判断能力,这种纠错方法是跟踪实践、发现并弥补课堂缺失的关键点。

(2)发散讲解典型试题。针对试卷中的高频考点和典型试题,教师可以"借题发挥",改变或调换题设和结论,发散学生的思维,拓展学生思考的深度,如一题多解、一题多变等。

(3)系统讲解同章知识。对同一章节、同一单元的知识教师应进行系统的讲解,围绕该章节的主干知识,剖析知识的内在联系,推广解题通法,发挥测试问题本身的横纵联系的功能,提高学生的应变能力。

(4)辨析讲解同类知识。教师可以思想和方法为主线,将试卷中形异质同的题目编成题组,强化多题同解,引导学生学会收敛思维,增强总结意识。

4. 试卷讲评课要及时、有针对性

由艾宾浩斯的遗忘曲线图可知,遗忘的速度在记忆的初始阶段是非常快的。如果未抓紧巩固复习,一天内就只剩 25% 的原始知识。如果教师不及时进行试卷讲评，学生们就会忘记大部分考试内容和当时的解题思路。而且学生在考试过后都有想知道正确答案和错因的迫切心理，只有当学生第一时间了解测试结果，他们才能以更积极的状态参与讲评并听取教师的分析。所以，教师最好在考试当天完成试卷的批阅、扫描，借助数据统计和错因分析，第一时间进行讲评。

试卷讲评要有针对性。这要求教师在批卷过程中及时收集相关数据，对其进行统计和分析，发现有针对性的典型问题。测试后，通过试卷统计分析了解知识点的分布情况，评估试卷的难易度和重点，并确定评估的关键点。讲评的重点应放在共性错误和高频错题上，对于个别学生的错误可以采取课后个性化辅导的方式，这样就为重点题目的讲评赢得了时间，效果自然也就更为突出。

5. 试卷讲评课要发挥学生的主体作用

学生对试卷的答题情况最熟悉，他们有自己的想法，教师不应替代学生在试卷讲评中的主体地位。教师可以在考试后把考试中涉及的知识点以表格形式印发给学生，让学生自己梳理错误，分析错误原因和改进措施。那些因为马虎、审题不清、遗漏知识点等引起的错误学生可以靠自己进行修正，学生在自我诊断过程中可以得到最真实和最具体的反馈信息。自我诊断具有自我约束和自我咨询功能。对于学生来说，自我诊断是改进学习方法、提高学习效率及学习能力的重要过程，教师需要引导学生探究错因，帮助学生树立纠错追因的意识。

学生自我诊断、自我纠错完成后，对于那些自己无法解决、需要求助他人的问题，可以采取小组互讲或学生代表到讲台前讲解的方式解决。学生讲解思路时，教师不要轻易打断学生，待学生结束叙述后对学生的表现、结果、存在的问题予以点评，这不仅是对学生的尊重，也是激发学生的学习热情，促进学生表达和分析能力提升的好时机。教师还可以在讲评前向学生展示常见错误或典型错误，使学生能够重新思考，再现或重新构建解决问题的思路和方法，并鼓励其他学生指出存在的错误或思维空白。教师要重点引导学生避免再次出现错误，并从题目中获取有价值的信息等。在学生急于解决困难时，教师可以提供解决问题的技巧、方法和建议，起到画龙点睛的作用。让学生自己去观察、思考、理解、消化和吸收，有助于学生提高核心素养。

6. 找准典型错误,举一反三、拓展延伸

教师可将试题分为知识性题目、技巧性题目和思维性题目三大类,再根据网络系统提供的考后"试卷分析",就可以客观地了解学生试卷中的典型错误,引导学生进行分析,找出错误的原因及思维的薄弱环节,研究正确的解题思路,实现纠正一个、预防一类。为了实现上述目标,教师可在网络系统中点击"资源拓展",系统会智能推荐三道相似的题目,供教师课上使用。如果推荐的资源不能完全满足教师的需求,则可以点击"添加资源",从而选择性添加更多的相似题目。对于非共性或非典型错误,教师可进行个别指导,不面向全体讲评,避免出现面面俱到与题题评讲的低效教学的现象。

教师不仅对典型错误进行讲解,还可以通过改变情境、改变问题条件和结论等来加深学生对这类问题的理解。此外,教师还可以通过网络系统的"错题拓展"将重点和难点转化为不同的类型题目,这样学生就可以在课堂上思考和回答问题,形成互动。当然,拓展训练要精练。

7. 表扬/鼓励学生,使其树立信心

"教学的艺术不在于传授本领,而在于激励、唤醒、鼓舞。"德国教育家第斯多惠曾这样说过。鼓励应贯穿于整个评讲的全过程。学生通过努力完成测试后,会有或多或少的期待。表现良好的学生自然会从他们的成功中获得心理上的满足,而表现不佳的学生有可能会在一定程度上受到影响并失去信心。当教师表扬学生时,范围应尽可能大一些。如对成绩较好的学生来说,应该充分肯定;对于基础一般的学生,教师应该确认和赞扬学生在回答问题方面取得的进步;对于有新想法、新方法的学生来说,教师应该给予特殊的肯定。教师当众表扬,无疑会使学生信心更足,学习潜力得到提升,学生的上进心、自信心和创新能力得到增强。

8. 重视课后巩固落实

(1)知识的落实与消化——错题本。通过人工智能和大数据,基于学生在考试、作业、练习中的数据信息,精选学生个性化错题进行整理,可以实现学生针对性复习,避免题海战术。基于学生日常测练数据的采集,网络系统支持每个学生在考后整理错题,形成每个学生都不一样的

错题本，这能够为教师开展个性化辅导提供依据，及时帮助学生查漏补缺。网络系统会自动收录学生的学业成绩，为教师提供每个学生的学业档案；支持追踪学生学业发展状况，为教师提供每个学生的知识点掌握情况，供教师精准定位学生问题。建立错题本可以随时提醒学生曾经出现的错误，这也是促使每个学生自我发现、自我反思、自我教育的最有效的措施。

（2）落实好知识巩固——针对性训练题（二次达标）。对试卷中存在的共性问题，教师要及时采取措施，如做好二次达标。我们不提倡把所有试题都让学生重做一遍，而是根据得分率或是教师统计的其他数据选取共性问题、易错点、疏忽点等进行再次联系。教师可以迅速精准地借助网络系统完成这一任务。步骤如下：教师在网络系统中点击"选题组卷"，进入页面后再点击"学情组卷"，在错题训练界面或薄弱项训练界面完成二次达标卷的生成。

（3）落实个性化学习——因材施练。世上没有两片完全相同的树叶。学生就像树叶一样，彼此之间存在差异，练习、考试中学生的差错既有共性又有个性。试卷讲评中教师要关注学生的差异，网络系统为学生个性化学习提供了技术支持。通过网络系统的数据分析和诊断，教师能够精准定位学生的知识薄弱点，为学生精准推荐优质学习资源，打造针对每位学生的个性化学习材料。信息技术的应用，实现了在不改变教学习惯的前提下，满足教、学、考、评、管多项需求，促进教学方式、学习方式和管理方式的转变，帮助学生科学规划自主学习路径，查缺补漏，开展个性化学习。

个性化学习手册在学生个性化学习中发挥着重要作用。个性化学习手册有效跟踪与管理学生的个性化学习过程和学习结果，把师生互动落到了实处。通过月考、周考、单元测验等方式，收集教学过程中产生的数据，深度挖掘数据价值，利用成绩分析、错题、个性化作业等方式反馈给一线教师和学生，实现线上线下交互式教学。

9. 解决在评估试卷中存在的问题

测试不仅对学生的学习效果进行了测试，而且在一定程度上也反映出教学问题。试卷讲评除了帮助学生纠正学习中的错误外，还帮助教师发现自己的教学缺陷和需要改进的地方。高质量的试卷讲评有助于拉近教师和学生之间的距离，从而实现平等、民主、和谐的新型师生关系的形成。

(三)试卷讲评课的教学模式之一

该模式为"考试情况反馈—典型错例分析—疑难问题剖析—展示最优解法—巩固拓展延伸"。

1. 考试情况反馈

教师利用采集的数据进行试卷总体评价、考试成绩和试卷答题情况的总体分析。教师在上课前要对各题解题结果进行数据化统计，汇总学生出现的典型错误，分清共性问题和个性问题。

2. 典型错例分析

教师要对整个试卷进行整体分析，按知识点将试题分类并进行分类讲评。在分析过程中，我们可以通过网络系统向学生展示错误的解决方案，让学生展示自己的思维过程，引导学生独立修正错误，并探索正确的解决方法。教师应该重视引导学生形成解决常见错误的能力和意识。

3. 疑难问题剖析

对于试卷中难度较大的题和综合题，教师可以借助现代信息技术揭开问题的"真面目"，透彻分析，让学生能发现其中的变化过程，寻找规律，逐步提高学生分析问题和解决问题的能力及创新能力。

4. 展示最优解法

教师应重视一题多解，在网评阅卷时注意收集优秀解法，展示学生的优秀解题案例，揭示解题规律，发散学生的数学思维，并规范学生的答题格式与书面表达形式。

5. 巩固拓展延伸

根据学生试卷中的错误，教师可以依托网络系统中的"精准教学系统"补充一些跟进性的拓展训练。教师可以适时设计一些变式训练题和拓展延伸题，切忌大量重复性训练和"题海"之战。

第四节　数学教学与信息技术整合的实施案例分析

一、灯光与影子

在元旦来临之际,当全体师生都沉浸在新年的喜悦之中时,九年级同学又迎来了一节信息技术整合课《灯光与影子》,孩子们的心情无比愉悦,带着无限的憧憬走进了多媒体教室。

教室里有绘声绘色的演讲,有百看不厌的视频,有精彩纷呈的画面,有热情洋溢的讨论,有一群活泼可爱的"小精灵"们在展示他们的才华和智慧,一切都是那么的美好。

就在这么美好的时刻,发生了一件让大家意想不到的事情。当第二小组学生上台讲解中心投影和平行投影的区别与联系的问题时,还没等小组同学讲完,就有一名女同学站起来提出了疑问:"若两棵树分别长在地球的南极与北极,当太阳光向地面照射时所形成的影子是怎样的?是否是平行投影?"打乱了正常的秩序,看得出她的心情很激动,等不及轮到提问的环节就自己站了起来,在座的师生也很吃惊,一是不到提问时间,二是从来没有听见过这样的问题。

在大家都很惊愕的时候,作为教师,既不能打消她的积极性,不回答她的问题,也不能打乱台上同学的思路,影响正常的进度,还要给所有同学思考这个问题的时间,鉴于以上三个方面的考虑,教师先安抚这位提问题的同学,暂时保留这个问题,稍后大家共同作答。

回答这个问题的时间是大家最难忘记的时刻,问题抛出以后,全班一片安静,大家都在思考。过了一会,第一个打破沉静的声音说:"当然是不同方向的影子,把太阳光看成点光源嘛!"紧接着第二个声音反驳道:"怎么可能?太阳光是平行光嘛!所以影子是等大的,同侧的。"又有人说:"太阳光线是应该看作平行投影,但是地球很大,南极北极又离得那么远,所以我认为应该把太阳看成点光源,两棵树的影子应该是在两侧的。"

又有同学迫不及待地阐述自己的观点:"太阳光不可能同时照射到

南北两极,因为南极是白天,北极就是黑天,不可能同时出现影子!"还有同学说:"阳光经过大气层,发生多次折射,这也要考虑!"有的同学还说:"那应该看看树是怎么长的!""假设情况与实际情况不符,地球的南极和北极没有树,所以没有树影!"

教师在中间适时总结,让大家展开讨论。

回答问题的声音越来越多,间隔也越来越短,语言也更加精练。各种解答方法都有,同学们打开了思路,踊跃参与,超出了学科范围,真正地达到了思维的提升。老师和同学们都对答案给予解释,尽管各个小组的观点不同,但是他们对数学问题的热情是相同的,最后的结果已经不重要,重要的是孩子们对数学课堂的热爱!孩子们在参与过程中得到了思维的锻炼和情感的愉悦!

针对这一问题的提出和解决的案例,我们做出了如下的分析:

第一,教师给学生最大的信任,网络给学生最好的展示平台,教师要相信学生,把学习的主动权完全交还给学生,这样学生才能有足够的自主学习的空间去自由发挥、自由创造,这样才不会束缚学生的手脚、压制学生的学习天性,才能发挥学生的创新能力,学生主动通过网络等信息技术手段获取学习上的帮助,达到了"以生为本"的原则与信息技术的整合,使信息技术整合达到了一个理想的境界,上升了一个高度。

第二,师生共创前置性作业,兴趣在课堂上贯穿始末。《灯光与影子》一课,和实际生活很贴近,完全来源于生活又服务于生活,这样的课乐于被学生接受。前置性作业的选择就成了决定这节课成功与否的关键。老师让每组的组长(中心小组的成员)通过各种途径学习本课的内容,经过大家的讨论和研究,决定出本节课的几个基本问题,问题的设置符合学生的认知特点,便于学生讨论。有了学生在上课前期的积极参与,就有了课堂上学生们的精彩表现。

第三,营造良好的学习氛围,离不开小组的精诚合作。小组合作表现在:各个小组成员之间的合理分工,同学们有的在教材中搜集资料,有的上网搜集资料,有的请教信息技术的专家,有的做成幻灯片进行演示,有的制成 word 文档进行展示,有的进行口头表述,有的小组在回答问题时使用了动画,通过动画演示解决了物体在灯光下影子的变化,这得到了全班同学的赞许。

因为有很强的集体荣誉感,学生们在提问和回答时特别主动,是整个组的力量支撑着每一个人,感染着每一个人,思维在传递,快乐在传递,学习的氛围热情洋溢。

第四,及时反思总结,寻找学习中的快乐。无论是课上还是课下,教师要善于总结反思,这样才能在以后的教学过程中积累更多的经验,让更多的孩子学得踏实,学得快乐,学有所得。

对于课上出现的不可预见的状况,教师在课堂上合理地安排、引导,把问题巧妙地转化,让我们的学生通过这样的问题打开思路,广开言路,教师的及时总结就是孩子们成功探索的桥梁和纽带,借助孩子们的智慧,对他们进行"生本教育""放飞生命"的教育。

二、温度的变化

上课前,老师在黑板上画了一个空白表格和一个带刻度的空白图表。

师:同学们好,我们在前面已经接触了很多的变量,并且学会了用表格和解析式来表示变量。今天。老师要和你们一起,用另一种方法来表示变量之间的关系。首先请同学们看屏幕——(展示一幅卫星云图)同学们知道这幅图是什么吗?

生:卫星云图。

师:对,这是卫星云图。俗话说,天有不测风云,这说明气温变化无常,而气温的变化又与我们的生活有密切的联系。那么,首先来看一下同学们自己测量的学校的气温。根据我们的分工,老师测了凌晨和晚上的气温,白天的气温就听你们的汇报了。

学生们分组汇报,老师同步填写黑板上的空白表格(表4-1)。

表 4-1

时间/时	气温/℃	时间/时	气温/℃	时间/时	气温/℃
0	16	10	19	20	18
2	14	12	21	22	17
4	15	14	22	24	16
6	16	16	21		
8	17	18	19		

师:现在已经完成了收集数据的过程,那么下面看看老师怎样把这些数据组成另外一种数学表达。

教师在黑板上的空白图表上描点,然后连成一条光滑的曲线。接着,教师以黑板上的图像为例,对学生进行由浅入深的提问。

【案例分析】

在这个情境中,教师设计了天气预报、课前观测、课上汇报等元素,虽然对多媒体的使用不多,但各元素详略得当,很好地展开了课堂教学。在引入过程中,由于学生的观测结果是随堂进行汇报,教师无法在课前准备好课件,因此采用了黑板作为收集、整理、处理数据的灵活舞台。根据这个教学片段,可以填写一张设计模板(表 4-2)。

表 4-2 情境设计:一天中的气温变化

情境设想	师生合作测量学校的温度,用一天内气温变化作为本堂课的问题情境,使学生经历观察、分析、归纳等数学过程,体会变量间的关系,学会读取图上的信息	
情境规划	情境元素	详略规划
		□详 ☒略 □机动 □可省
		□详 □略 ☒机动 □可省
		☒详 □略 □机动 □可省
		□详 □略 □机动 □可省
学生活动	课前:分四组观测 8 点至 22 点的气温,每组观测两个时刻 课上:汇报观测结果,由老师汇总并绘制成图表	引导、提示信息及其呈现方式: 无
		备用结果及其呈现方式: 直接在黑板上记录学生的观测结果,并绘制成图表
		意外结果处理办法: 无

其实,在这个教学设计中,也可以根据需要使用计算机现场完成教师在黑板上操作的过程。可供参考的一个方法是使用 Excel 当堂记录数据、绘制图表(图表类型可分别选择散点图类别中的"散点图"和"平滑线散点图")。这样做的优势在于可以通过修改数据而实时更改图表,实现更灵活的课堂教学,同时也起到了信息技术普及教育的附加效果。而

这种方法的不足之处则在于它弱化了描绘图表时的描点、联机等过程。这种情况下,设计模板也需要做出相应的修改(表 4-3)。

表 4-3 情境设计:一天中的气温变化(修改)

情境设想	师生合作测量学校的温度,用一天内气温变化作为本堂课的问题情境,使学生经历观察、分析、归纳等数学过程,体会变量间的关系,学会读取图上的信息。同时,通过教师的课堂操作,接触 Excel 这种数据处理工具,培养学生应用工具的意识		
情境规划	情境元素	详略规划	
		□详 ☒略 □机动 □可省	
		□详 □略 ☒机动 □可省	
		☒详 □略 □机动 □可省	
		□详 □略 ☒机动 ☒可省	
学生活动	课前:分四组观测 8 点至 22 点的气温,每组观测两个时刻 课上:汇报观测结果,由老师汇总并绘制成图表	引导、提示信息及其呈现方式: 无	
		备用结果及其呈现方式: 使用 Excel 记录学生观测数据;使用 Excel 绘制散点图、平滑线散点图	
		意外结果处理办法: 在 Excel 中适当修改数据或图表,以灵活掌控课堂	

三、有理数的减法

师:你能不能计算一下乌鲁木齐市的温差——4－(－3)的结果——是多少呢?

生:7。

师:你怎么知道这个结果是 7。

生 1:4－(－3)＝4＋3＝7。

师:好。他说了,4 减去－3,就等于加上－3 的相反数。这个想法很有创意——减去－3 等于加上它的相反数。但是我想问一下,我们现在研究的是减法,为什么突然想到了要去加?而且是加上相反数,而不是加上其他的东西呢?怎么想到加法的?能不能把这个想法给大家说明一下?或者有没有其他同学和他的想法一样?你是怎么想到用加法的?

生2:我先试着画一个数轴,看一看-3和4之间有多少个格子。有7个单位,刚好是4加上-3的相反数。再看看其他的例子,比如8和-3之间有11个单位,刚好是8加上-3的相反数。

师:好,请坐。这名同学比较完整地表达了他的想法。他说我画了一个数轴,借助它的直观性我发现,4和-3之间有了7个格子,就是7个单位。不错,是一种方法!实际上,数轴怎么来的?是通过温度计抽象来的。那我拿一个温度计数一下就行了,先4个数,然后3个数,差了7个格子。还可以怎样想?我把它转化成加法。为什么?在学习减法之前,我们学习了什么?

生:加法。

师:对,我们学习了有理数的加法。应该说通过两节课的学习,我们对加法很熟练了。那么我们能不能把这个新问题,尝试用学过的知识来解决呢?其实小学的时候我们就已经有这个思路了,就是加法运算和减法运算之间是什么关系?

生……

师:是相反的运算,对不对?是一种逆运算的关系。那我们又学过"4-(-3)=?"实际上是一个差。

板书:4-(-3)=?

师:所以我们完全可以通过加法来呈现这个问题。什么数加-3等于4呢?同学们想一想,转化成我们的加法了吧,什么数加上-3等于4。

生:7。

师:对,7+(-3)=4。那么同学们想一想,4-(-3)等于多少?

生:7。

师:那么,还有刚才同学们想的另外一种方法。我们借助数轴的直观性,数一数,一共有7个格子。

师:这个问题的结果等于7。

板书:4-(-3)=7。

师:我们得到了4-(-3)的结果等于7。有的同学会想,以后遇到这种问题,我只要想一想什么数加上减数等于被减数,或者每天都拿一个数轴去数一数,这样方不方便啊?显然是不方便的。同学们想一想,有没有什么更好的方法帮助我们计算数的减法呢？我们一起探索这个问题。

师：$4-(-3)=7$。关于4、关于7,4怎样经过运算变成7。同学们最初想到的是什么？

生：加3。

师：最初想到的是我们熟悉的加法。我们发现$4+3=7$。

投影：

$4-(-3)=7$

$4+3=7$

师：同学们看看这两个式子，有什么相似之处？又有什么不同之处？

通过教师引导，学生发现式子中的4、7相同，而－3和3的绝对值相同、符号不同，互为相反数。

师：从中可以得到什么结论？

生3：减去一个负数等于加上它的相反数。

师：这位同学把她的猜想提供给我们了。$4-(-3)$完全等于$4+3$，减去－3就相当于加上它的相反数。如果我要减去一个负数，就相当于加上它的相反数。或者说，减去一个有理数，就相当于加上它的相反数。这个结论对不对呢？我不知道，仅仅从这一个例子里面能不能得到结论？

生：不能。

师：那么下面来尝试一下更多的例子，看看是否还有这种规律。

投影：计算下列各式：

$50-20=$　　　　$50+(-20)=$

$50-10=$　　　　$50+(-10)=$

$50-0=$　　　　　$50+0=$

$50-(-10)=$　　　$50+10=$

$50-(-20)=$　　　$50+20=$

通过观察同一行的两个算式，更加肯定了前面的猜想，得到减法的运算法则：减去一个数等于加上这个数的相反数。

【案例分析】

这堂课中，老师从一个小问题$4-(-3)$入手，引导学生探讨有理数的减法法则。问题虽然简单，但分析思路层层深入，并且由特殊到一般，把问题分析得相当透彻（表4-4）。

表4-4 问题设计:计算 4－(－3)

问题	有理数的减法		
提出问题	乌鲁木齐市的最高气温4℃,最低气温－3℃,如何计算温差? ——计算 4－(－3) ——有理数的减法	开放性分析 4－(－3)的问题,结果是唯一的,但可以采取多种途径分析问题,得到最后结论	交互策略
分析问题	(1)分析 4－(－3):从加法入手;从数轴入手。 (2)有理数的减法法则从 4－(－3)=7 和 4+3=7 两个式子入手得到猜想,再用更多的例子加以论证	关键点 转化成加法 观察数轴 减法法则的猜想 减法法则的验证	引导方式 分析加法和减法的互逆关系 用温度计抽象成数轴 对两个式子进行比较、分析 对一组成对的式子进行比较、分析
解决问题	解法: 4－(－3)=4+3=7 结论: 减去一个数等于加上这个数的相反数	呈现方法 用板书和投影同时呈现结论	

在这个案例中,教师对知识点的分析设计得相当细致,但课件中包含的交互元素并不多,这使得课件的应变性不强。比如在分析 4－(－3)的问题时,教师准备了两种分析思路:(1)用加法分析;(2)用数轴(温度计)分析。而课堂上学生先提出的是第二种思路,第一种思路是后来经过教师引导得出的,这个顺序与课件设计的顺序不一致,多少给人一种重(1)轻(2)的感觉。

四、圆和圆的位置关系

下面以信息技术支持下的具体课堂教学为背景,通过一个综合的案例来使大家对信息技术与数学学科整合有更进一步的了解,并对案例作简要的分析。

(一)教学任务分析

教学目标	知识与技能	1. 学生能够掌握圆和圆的五种位置关系 2. 学生能够掌握各种位置关系中圆心距与半径之间的数量关系,并了解它是性质还是判定 3. 培养学生分析问题、解决问题、归纳总结的能力
	过程与方法	通过利用计算机对圆和圆的五种位置关系的演示,使学生掌握观察分析、归纳总结的能力,进一步体验知识的形成过程
	情感态度与价值观	1. 利用计算机教学培养学生自主学习能力和勇于探索的精神 2. 体验小组协作精神,分享小组合作的喜悦
重点	两圆相交、相切的概念及两圆相切的性质和判定	
难点	各种位置关系中圆心距与半径之间的数量关系	

(二)教学过程设计

活动步骤	教师活动	学生活动	设计意图
活动1:复习直线和圆的位置关系 活动2:情境引入(欣赏图片) 问题:我们生活在丰富多彩的图形世界中,圆与圆组成的图形更是我们生活中最常见的画面,同学们,左边的一组画面你熟悉吗?	教师关注学生对已有知识的掌握情况,结合计算机演示,请同学们画出相应的图形 结论: 1. 两个圆没有公共点,并且每个圆上的点都在另一个圆的外部时,叫作这两个圆外离	学生分组回答老师的问题; 学生观察计算机课件,总结回答老师的问题; 学生填表归纳; 学生理解问题,小组合作探求解决问题的方法; 学生认真思考,寻求解决问题的途径; 学生思考寻求解决问题的方法;	培养学生研究问题的方法; 培养严谨的数学思想方法和正确的书面表达方法; 进一步体会与人合作的重要性,完善结论; 巩固本节所学知识,培养学生知识的迁移能力;

续表

活动步骤	教师活动	学生活动	设计意图
你还能列举两个圆组成的图形的例子吗？ 活动3：探究（利用学生自己手中的教具） 1. 圆与圆有几种位置关系 2. 两圆公共点的个数及除公共点外每个圆上的其余点在另一个圆的什么位置 活动4：探究 问题：圆与圆的五种位置关系中，圆心距d（O_1O_2的长）与大圆半径R、小圆半径r之间的关系？ 内含　相交　外离 $R-r$　　$R+r$ 内切　　外切 利用数轴展示 活动5：例题选讲 如图：⊙O的半径为5cm，点P是⊙O外一点，$OP=8$cm，以P为圆心作一个圆与⊙O外切，这个圆的半径应是多少？以P为圆心作一个圆与⊙O内切呢？	2. 两个圆有唯一的公共点，并且除了这个公共点以外，每个圆上的点都在另一个圆的外部时，叫作这两个圆外切。这唯一的公共点叫作切点 3. 两个圆有两个公共点时，叫作这两个圆相交 4. 两个圆有唯一的公共点，并且除了这个公共点以外，一个圆上的点都在另一个圆的内部时，叫作这两个圆内切。这个唯一的公共点叫作切点；两个圆外切和内切统称两个圆相切 5. 两个圆没有公共点，并且一个圆上的点都在另一个圆的内部时，叫作这两个圆内含，两圆同心是两圆内含的一种特例 教师为探究方法作辅导，分别到各组中参与学生的活动结论：	学生独立做练习； 学生分组总结，选小组长到台前展示； 学生回家独立完成复习旧知识，为学新知识作铺垫； 利用计算机提高学生学习兴趣，增加教学直观性，突破教学重点； 培养学生归纳总结能力	巩固本节所学知识，达到对本节知识的反思；通过课后作业，及时了解学生对本节知识的掌握情况，并对有困难的学生给予适当的指导

续表

活动步骤	教师活动	学生活动	设计意图
活动6：尝试性练习（后面） 活动7：课堂检测（后面） 活动8：课堂小结 1.总结本节所学知识 2.谈个人体会 活动9：作业	两圆外离 $d>R+r$； 两圆外切 $d=R+r$； 两圆相交 $R-r<d<R+r$； 两圆内切 $d=R-r$ $(R>r)$；两圆内含 $d<R-r(R>r)$ 教师巡视，关注学生对知识的掌握情况 6.教师带领学生认真审题，关注学生对题意的理解； 教师关注学生对知识的掌握情况及练习的正确率； 教师参与小组总结，对个别小组作指导		

【尝试性练习】

1.⊙O_1 和⊙O_2 的半径分别为3cm和4cm，设：

(1)$O_1O_2=8$cm　　(2)$O_1O_2=7$cm　　(3)$O_1O_2=5$cm

(4)$O_1O_2=1$cm　　(5)$O_1O_2=0.5$cm　　(6)O_1 和 O_2 重合

⊙O_1 和⊙O_2 的位置关系怎样？（小组同学之间口答）

2.填表（表4-5）

表 4-5

两圆的位置关系	公共点个数	圆形	d 与 r_1 和 r_2 之间的关系
外离			
外切			
相交			

续表

两圆的位置关系	公共点个数	圆形	d 与 r_1 和 r_2 之间的关系
内切			
内含			

【课堂检测】

1. 半径分别为 2cm 和 3cm,两圆相切则圆心距一定为（   ）

A. 1cm　　　B. 5cm　　　C. 1cm 或 6cm　　　D. 1cm 或 5cm

2. 两圆的半径分别为 3cm 和 5cm,圆心距为 d,且 $2cm<d<6cm$,则两圆的位置关系是（   ）

A. 内含或内切

B. 内切或相交

C. 相交

D. 相交或外切

3. 已知两个等圆 $\odot O_1$ 和 $\odot O_2$ 相交于 A、B 两点,$\odot O_1$ 经过点 $\odot O_2$,求 $\angle O_1AB$ 的度数。

【案例分析】

本节课最大的特点就是在开放的教学环境中,在信息技术与数学整合的理念和教师指导下开展教学,真正体现了以学生为主的教学,充分调动了学生的积极性和自主探索的热情。该案例的优点主要有以下几个方面:

(1)改变了传统的教学方式,体现了学生在学习过程中的主体地位。在该课的教学中,教师没有像传统教学那样,直接告知学生圆与圆的位置关系,而是为学生提供工具,创设情境,由学生自主探究获得,体现了"做中学"的思想。在这个过程中,学生获得的是一种学习的方法以及探究知识的态度,知识和方法的迁移能力也得到了有效的培养。

(2)充分发挥了信息技术的优势。在这节课中,信息技术发挥了情境创设工具、探究工具的作用。

(3)体现了新课改为生活、为应用而学习数学的思想。在这节课例中,教师在情境创设的环节上运用了生活中的数学现象,构建了丰富而开放的课程学习资源,调动了学生的学习兴趣,使学生感受到数学的美、数学的价值,这也正是数学教育的价值所在。

第五章　初中数学教学评价及建议

评价是一个涉及范围宽泛的系统,就评价主体来说,它可以是教师、学生、家长、教育管理者或者其他社会机构及成员。就评价对象来说,它包括对教师教学效果的评价、对学生学习效果的评价、对课程设置的评价、对教学管理的评价等。就评价所产生的意义来说,它包括学习过程的诊断、调控、甄别,学生评价习惯的养成与评价能力的提高等。本章关注初中数学教学评价。

第一节　数学课程学习与教学评价的基本理论

教学评价过程是指评价主体(可以是教师、教育管理者、学生或其他机构及人员)往往参照一定的标准,运用合理的方法对学生的学习过程和结果做出评定的过程。

一、评价理念

在评价理念方面,教育部发布的《基础教育课程改革纲要(试行)》中要求"改变课程评价过分强调甄别与选拔的功能,发挥评价促进学生发展、教师提高和改进教学实践的功能",这既是最新评价理念的准确体现,又贴合我国教育评价的改革实际。在评价目标方面,信息技术课程中信息素养这一概念不仅集中体现了"知识与技能""过程与方法""情感态度与价值观"的三维课程目标,而且又是指导评价的主要参照。

(一)评价及其相关概念

1. 测量

测量就是根据法则赋予事物数量。也就是说,按照一定的规则给事物的属性指派数字或符号的过程就是测量。测量包括事物、法则和量值(数字或符号)三个基本要素,也就是选定测量的对象、制定测量工具和赋值标准的规则以及测量结果的统计。它并不对测量所获得的结果进行价值判断,而只是要准确衡量个体的状态。

任何事物或现象都既有质的规定性也有量的规定性,对教育现象或活动的认识,就包括对其质与量的认识。教育测量就是指根据一定的理论、规则,运用一定的测量工具对教育现象进行量化描述的过程。评价需要测量提供的数据资料,评价是否恰当,依赖于它使用的数据资料是否准确、可靠。因此,可以说教育测量是量化评价的基础和组成部分。准确可靠地进行测量,需要采用合适的方法,测验、考试就是教育测量的两种主要方法。

2. 测验

测验又称测试。人们公认的一种定义是,测验实质上是对行为样本所做的客观的标准化的测量,即测验是对行为样本进行测量的系统程序。因此,测验的好坏直接影响测量的准确性和可靠性。而影响测验本身的因素又是十分复杂的,比如,测验题目的设计、过程、记分方法等都可能会造成测量的系统误差,而测验对象的个体因素、某些偶然的原因等也会造成测量失真。

3. 考试

考试是一种较为严格的测验,它根据一定的目的,按照一定的要求进行命题,通过考查学生解答问题的过程与结果,掌握学生的发展状况。传统考试,尤其是纸笔测试所能获取的信息通常只是课程目标和人的素质能力中相对有限的一部分。因此,作为学生评价的一种方式,考试需要和其他评价方法(如开放性的质性评价方法)有机地结合起来,全面评价和判断学生的发展状况。教师应根据考试的目的、性质、内容和对象等,选择灵活多样的考试方法,倡导使用分类、分项考试进行综合评定,加强对学生实践和应用能力的考查,注重考查学生的综合素质,充分利用考试促进每个学生的发展。

4. 评价

评价是指为做出某种决策而收集资料,并对资料进行分析,做出解释的系统过程。学生的学业成就包括知识、技能,也包括兴趣、态度、习惯等诸多方面内容。学生达到预期学习目标的程度不能直接测得,但可通过测验和多种表现性评价方法间接测得。比如,为了评价一个学生处理多媒体信息的能力,可以使用测验考查学生掌握的多媒体工具方面的知识,再让学生在规定的实际操作任务中搜集、处理多媒体信息并制作多媒体作品,借此就可以考查学生实际的多媒体信息处理技能。评价不仅要对学生学业成就的测量结果进行判断,还要了解其他有关方面的情况,如学生的能力、努力程度、学习态度、某些个性特点、学习条件、健康状况等,以便找出取得这一结果的原因,并作价值判断,进而做出教育上的决策或给予必要的帮助,以促进学习。所以,评价还具有诊断和治疗的功能。

(二)评价、评估与测试的关系辨析

很多人一提到评价,就将其与评估、测试等同起来,其实三者有着一定的区别与联系。简单来说,测试为评估与评价提供依据,评估为评价提供数据,评价是对教与学效果的整体评估。

三者有着紧密的联系,又有着明显的区别。就关系层面来说,三者体现了一种包含与层级的关系。测试充当其他两者的支撑信息。在包含与层级关系的同时,三者又存在明显的区别,具体表现为如下三个层面:

1. 目的层面

三者的目标不同。就某一程度来说,测试主要是为了满足家长、学校的需要,因为他们需要知道自己的孩子或学生的情况,且与其他学校是否存在差距。当今教育仍旧以应试为主,因此测试为家长、学校提供了很多信息,也是家长、学校关心的事情。

评估主要是为教师、学生提供依据,如学习效果、学习中遇到的问题等,有助于教师提高教学的质量,也有助于学生提高自身的学习效率。

评价有助于行政部门制定政策,对教学进行合理配置。

可见,三者的作用不同,导致开展的范围与采用的方式也有明显的不同。

2. 数据信息层面

测试所收集的数据一般是学生的试卷信息,反映的也是学生的语言水平。从学生的语言运用能力来说,有些部分无法用测试来评判的。

评估可以划分为终结性评估与形成性评估两大类,前者依据的是测试,后者依据的是教与学的过程,注重学生对任务的完成、概念的理解等层面。当然,其依据更多的是定性分析,而不是定量分析。

评价所依据的信息多为问卷、访谈、测试、教师评估等,是定量分析与定性分析的结合,是一种综合性评估。

3. 展示方式层面

测试的展示方式往往是考试,最终结果也通过分数排序来展现。而相比之下,评估与评价往往是以鉴定描述或等级划分的方式展现出来。

二、评价的发展

评价理论的发展共经历了四代。

第一代评价理论。在这个时期,教育评价工作的中心是编制各种测验量表以测量学生的一些心理机能与特征。"智力测验"成了衡量学生一切的标准,评价其实等同"测量"。"评价者的工作就是测量技术员的工作——选择测量工具、组织测量、提供测量数据"。这个时期在评价历史上亦称评价的"测量时代"。

第二代评价理论。其特征是对"测验结果"作"描述"。这个时期的评价目标已不再是学生本身,而是什么样的学习目标模式对学生最有效。测验不再是唯一的评价手段,评价者也不再仅是"测量技术员",更主要的是一个"描述者",评价的功能仍集中在选拔升学和评比排队。因而,这个时期也被称为评价的"描述时代"。

第三代评价理论。"判断"是这个时期评价理论的特色。第三代评价将"价值判断"引入评价,而且将其视为评价工作中的关键。评价者不仅要收集各种参数,而且还要帮助制定一定的判断标准与目标。这个时期也被称为"判断时代"。

第四代评价理论。这一时期的基本观点是由古巴和林肯在对前三代评价思想批判的基础上提出的。这一时期的评价理论强调评价者与评价对象的共同构建,突出学生在评价过程中的参与者的主体地位,强调评价的多元价值观。

从四代评价理论的递进过程可以看出,随着评价思想的发展,评价的功能日益丰富起来,同时实践中的评价方法、评价手段和评价工具也渐显多样化。表现性评价、学程记录袋、苏格拉底研讨法等新一代评价方法逐渐被教育界所关注。

从教学评价的发展来看,在评价主体上,从一元主体到多元主体,更加强调学生的自评;在评价功能上,从分等鉴定到诊断激励,更加注重发挥评价的教育功能,从重视结果到关注过程;在评价类型上,更加重视实施形成性评价,从重知识到重全面素质;在评价方法上,从定量评价到定量与定性相结合,从统一性评价发展为多样性评价。

三、建构主义理论

建构主义学习理论认为个体与外部环境的交互作用使得知识得以产生,人们会从自己的已有经验出发来理解客观事物,每个人对知识都有自己的理解和判断。维果斯基、皮亚杰等是建构主义学习理论的主要代表人物。

行为主义学习理论、认知主义学习理论和建构主义学习理论对知识的观点不同,这是它们之间的本质区别。

客观主义学习理论主张"灌输知识",这是错误的。给学生准确传递知识是教学的主要任务,知识作为具体"实体",它的存在具有独立性,而不依赖于人脑,人要真正理解知识,首先要将知识完全"迁移"到大脑中,并使其进入自己的内心活动世界。

每个人都可以按照自己的认知与想法来理解客观存在的世界,并赋予其一定的意义。建构现实或解释现实是建立在主观经验基础上的。每个人都用自己的头脑创建了经验，因为各有各的经验，所以基于经验而对客观世界的理解也有一定的差异。建构主义更关注在知识的建构中，如何将原有经验、心理结构有效利用起来。

建构主义学习理论认为，学生是在一定情境下，通过自己的主观参与，同时借助他人的帮助，通过意义建构的方式而获得知识的，而不是通过教师传授得到知识的。

建构主义教学理论则要求教师在学生主动建构意义、获取知识的过程中起到帮助和促进的作用，而不是给学生简单灌输和传授知识。因此在教学过程中，教师首先要转变教育思想，改革教学模式。学生是在一定的学习环境下获取知识的，学生在获取知识的过程中需要主观努力，也需要他人帮助，而且也离不开相互协作的活动。建构主义学习理论要求有利于学生获取知识的学习环境应具备情境创设、协作、会话、意义建构等基本属性或要素。下面具体分析这四个基本要素：

(1)情境。学习环境中必须要有对学生意义建构有利的情境。在建构主义学习环境下，教师要基于对教学目标的分析与对学生建构意义的情境创设问题的考虑而设计教学过程，并在教学设计中把握好情境创设这个关键环节。

(2)协作。在学生的整个学习过程中都离不开协作，如学生搜集与分析学习资料、提出和验证假设、评价学习成果及最终建构意义等都需要不同形式的协作。

(3)会话。在协作过程中，会话这个环节是不可或缺的。学习小组要完成学习任务，必须先通过会话来商讨学习的策略。学习小组成员之间协作学习的过程也是相互不断会话的过程，在这个过程中，学生的学习资源包括智慧资源都是共享的。

(4)意义建构。学习过程的最终目标就是意义建构。建构的意义指的是事物的本质、原理以及事物与事物之间的内在联系。帮助学生在学习中建构意义，就是帮助学生深刻理解学习内容反映的事物的本质、原理及其与其他事物之间的内在联系。

张春莉提出建构主义理论下的课堂评价指标[1]主要有：①问题情境取材于现实生活、学生充分思考、小组学习；②师生、生生有良好的互动

---

[1] 张春莉．从建构主义观点论课堂教学评价[J]．教育研究，2002(7)：37-41．

交流;③学生自主参与学习活动;④学生理解知识本质;⑤学生能自主反思;⑥学生情感态度良好。在建构主义理论的指导下,核心问题引领的数学课堂教学评价应关注教师对学生知识和经验基础的把握、教师创设的问题情境以及课堂中个体间的交流互动等情况是否有助于学生对知识的自主意义的建构。

四、多元智能理论

多元智能理论(Multiple Intelligence)是目前被广泛应用,并对各国教育改革产生重要影响的理论。多元智力理论是20世纪80年代美国发展心理学家加德纳(Howard Gardner,1943—　)提出来的。他认为每个人身上都不同程度地同时拥有七种智能:言语/语言智能(Verbal/Linguistic Intelligence)、数理/逻辑智能(Mathemati/Logical Intelligence)、视觉/空间智能(Visual/Spatial Intelligence)、肢体/运动智能(Bodily/Kinesthetic Intelligence)、音乐/节奏智能(Musical/Rhythmic Intelligence)、人际交往智能(Interpersonal Intelligence)、自我内省智能(Intrapersonal Inteligence)。[①] 1995年,加德纳又补充了自然观察智能(Naturalist Intelligence),后来又增加了存在智能(Xitential Intelligence),形成九种智能,但一般常用的是前八种智能。在加德纳看来,人的智力应该是一个量度,是一个解题能力(Ability to Solve Problems)的指标,过去传统的智力定义过于狭窄,只重视言语/语言智能、数理/逻辑智能,未能正确反映一个人的真实能力。根据加德纳的多元智能理论,个体的这些智能都有其独特的遗传基础,各种智能之间的不同组合表现出个体间的智能差异。由于每一种智能所使用的个人资源不同,所以其信息加工的过程也不同。

信息技术具有多种特性,与多元智能发展之间有着内在的联系,能够为学习者智能的全面发展创设条件和提供技术支持,使多元智能理论思想的实现成为可能。多元智能理论提示各教育阶段的教师在安排教学活动时,要同时兼顾多种智能领域的学习内容,综合运用语言、批判思考、操作、合作学习、独立学习等多样化的教学方法,尽可能地为学习者

---

① (美)霍华德·加德纳.多元智能新视野[M].沈致隆,译.北京:中国人民大学出版社,2008:137,188.

同时提供有利于多元智能发展的学习情境,让每个学习者的各种潜能都有获得充分发展的机会。在信息技术环境下的课程教学中,信息技术与课程整合促进学生多元智能发展主要可以从以下四个方面来实现:

1. 利用信息技术作为多元智能发展的活动平台

现代信息技术所具有的多种特性能够为学习者多元智能的发展创设一种适应性、触发性、沉浸性和诱导性的学习氛围,特别是计算机、多媒体、网络技术、虚拟现实技术、人工智能等,能够提供声音、图形、色彩等视觉和听觉等多重感觉刺激。这种丰富多彩的感觉世界,既为学习者提供了丰富的学习资源,又创设了意境化的学习情境,是激发、诱导和强化学习者多元智能发展高效活动平台。

2. 利用信息技术为多元智能发展创设丰富的基于活动的学习

一般情况下,学生多元智能的开发和发展需要在多样化的活动情境下展开。根据多元智能理论思想和学科课程的特点,在学科教学实践中利用信息技术手段,恰当高效地融入信息技术的因素,将信息技术的特征和学科课程有机地结合起来,为学生营造和创设丰富多彩的学习情境,这种基于活动的多样化的学习能够极大地促进学生多元智能的发展。

3. 利用信息技术促进学生优势智能的发展

信息技术是促进学生多元智能发展的关键所在。在教学和学习实践活动中,根据学生个体的特点把多元智能理论和相关的信息技术手段结合起来,付诸教育教学和学生学习实践,促进学生个体所拥有的优势智能的发展。如运用打字帮手、文字处理软件、外文软件、电子图书馆、多媒体演示工具、故事光盘、网页制作、文字游戏软件等发展学生的言语/语言智能,运用计算机辅助设计、制图工具、逻辑性游戏数学技能指南、科学程序软件、批判性思维软件、数据库等开发和发展数学/逻辑智能,运用动画程序、几何学软件、建模工具软件、仿真系统、计算机辅助图像处理、虚拟实验室等发展视觉/空间智能等。

4. 利用信息技术作为多样化的学习和评价工具促进发展

目前,教学评价主体正在从教师的一元化评价向师生多元化转变,评价内容从单一化的评价学生学习成绩向多方面的评价学生素质转变,评价的方式从传统的单纯打分或划分等级向定性评价、量化评价等多种评价方式转变,评价过程从静态评价结果向动态评价学习者的整个学习过程转变,评价功能也从甄别选拔功能向促进学生全面发展功能转变。信息技术的广泛利用为学习者多元智能的开发和发展提供了丰富的学习和评价工具。

多元智能理论对核心问题教学评价具有两个方面的指导:一是核心问题引领的教学可以充分借助人的多元智能实现教学方式的灵活性,学生的学习活动要充分运用到他们天生的智能,比如,探究活动可以激活学生的数理逻辑智能、空间智能和观察智能,课堂中鼓励合作讨论能激发学生的语言智能等等;二是由于不同人在不同的智能上表现出的优势不同,因此学习效率也不同,教学就要做到因材施教,促进学生知识结构、数学能力、语言表达、合作交流、自我反思等方面的智能的协调发展。核心问题教学评价就要注重考查教学中教师的教和学生的学是否充分发挥了人的多元智能以促进教学方式的多元和对学生核心素养的发展。

第二节 数学课堂教学评价

课堂教学评价包括对教师教学行为的评价和对学生学习情况的即时评价。对教师教授情况的评价包括的内容比较多,按评价的目的可以分为奖惩性评价、发展性评价、管理性评价、研究性评价和诊断性评价;按评价的主体可以分为专家评价、领导评价、同行评价、学生评价和教师自评;按收集信息的方法可以分为现场观察评价、监视监听评价、录像后置评价和问卷评价;按评价的范围可以分为一般评价和重点评价。一次评价活动可以采用其中的一种评价,也可以几种评价组合使用。对学生学习情况的评价是指教师在课堂教学过程中,有目的地观察、测定学生在学习过程中的种种表现,对学生的学习目标、学习效果、学习质量、学习能力、学习态度等做出价值判断,从而调整、优化教学过程中的教学实践活动。也就是说,它主要是对课堂教学效果和构成课堂教学过程各要素作用的评价。

一、教学评价的功能

从某种意义上来说,课堂评价调节和制约着课堂教学活动的进度,具有导向、激励、反馈、总结等多重功能。充分发挥课堂评价的功能,对规范物理课堂教学、促进物理课堂教学改革起着至关重要的作用。

(一)诊断功能

诊断功能是指教学评价能够对教学活动中存在的问题进行揭示与分析,找到症结所在,进而提出改进和补救的意见、建议,改进教学,创造更加适合学生学习的教学。例如,对学生的学习评价,一方面可以协助学生发现学习中存在的困难与不足,进而判断导致困难与不足的原因。另一方面也可以帮助教师明了自身教学上的不足与学生学习上的问题。当然,教学评价还可以为教学管理部门提供诊断教学质量、提出改进意见和建议的依据。

(二)发展功能

评价最重要的意图不是为了证明,而是为了改进。无论"诊断"的结果如何,教学评价都能够使教师和学生获得有针对性的指导意见和建议,促进教师和学生进行反思,在认识自我的基础上,建立自信、发展潜能,改进教和学、促进教和学。具体来说,如果评判的结果是正面的,那么原先的教学就可以延续下去,甚至获得进一步的优化;如果评判的结果是负面的,教师和学生便会产生一定的焦虑感,对原先的教和学做出修正或调整。总之,教学评价能够激励、控制、改进、完善教学,使教学朝着"最优化"的方向发展。

(三)选拔功能

选拔功能又叫甄别功能、淘汰功能,是指教学评价具有区分程度、水平,做出鉴别、鉴定、分类的作用。

二、课堂教学评价应遵循的原则

课堂教学评价的原则是人们在认识课堂教学评价规律的基础上,提出的一些共同遵守的指导评价活动进行的准则。评价原则是主观与客观相统一的产物,既是课堂教学评价规律和原理的反映,也是人们在评价活动中共同认可的基本要求。

(一)对教师教授情况评价的原则

1. 目的性原则

评价的目的不同,采用的方法就不同。例如,发展性评价的目的不在于鉴别教师的课堂教学结果,而是诊断教师教学中的问题,促进教师的个人发展,促进教师教学水平的提高,因而,采用的评价指标应该详细、具体,不仅要给出教师教学水平高低的结论,更重要的是给出改进教学的具体措施。

管理性评价的目的是区分不同水平的教师,因此评价指标体系的区分度就成为主要的标志。只有明确了评价的目的,采用相应的方法,才能发挥评价的功能。

2. 操作性原则

评价指标体系的项目过少,评价者主观理解不同,评价结果的偏差就会比较大,但项目过多,评价者不容易记忆,操作中同样会造成较大偏差。因此,评价指标体系应该做到既易于评价者操作,又有利于客观评价教师的教授情况,使评价结果可靠。

3. 可行性原则

有的评价体系与方法很理想,表面看起来很好,但具体操作起来涉及的人力、物力比较多,不容易实现;有的要求评价者具备较高的评价水平,用于研究可以,在教学实践中难以使用,这样的评价指标都不可能在教学第一线付诸实施。评价指标应该通俗易懂,易于基础教育第一线的教师掌握,才能在中小学推广使用。

(二)对学生学习情况评价的原则

1. 适度性原则

有些教师对学生的评价不太注意,容易走极端。有的教师对学生回答问题的评价过分拔高,使一些学生飘飘然,滋长骄傲自满的情绪,造成学生学习上的混乱。特别要注意的是,多数初中学生已经具备了明辨是非的能力,如果回答得不好,教师给予过高的评价或华而不实的评价,他们能够感觉到教师是在欺骗他,他不但受不到鼓励,反而由于感觉老师对他的态度不诚恳而适得其反。而对某些学生过分批评,不留情面,极易挫伤学生的自尊心和自信心,使学生丧失学习积极性。所以表扬、批评都要适度。恰如其分地进行表扬与批评,能巩固发展学生正确的学习动机。对学生的表扬面要宽,表扬的内容不要言过其实;对学生的批评应慎重,掌握一个度,重要的是让学生知道哪儿错了,应该怎样做。

2. 启发性原则

当学生对问题回答不完整、不全面或有缺憾时,教师不能就此而对整个回答全盘否定。教师要对学生回答正确的内容予以肯定,然后用追问的方式进行点拨,让学生思考回答,启迪学生的思维,引发学生智慧的火花。对一些不着边际、缺乏逻辑性的回答,教师要用委婉的语言指出其不足,这样学生会乐于接受并会积极改进,其他同学也会从中受益。

3. 情感性原则

情感的感染是一种潜移默化的影响,教师饱含充沛的情感,才能打动学生的心灵,形成平等和谐的师生关系,创设良好的课堂心理氛围。在课堂上,教师要把学生当作平等的伙伴、朋友来对待,在学生回答问题的过程中,要尽可能地发掘他们的优点并进行肯定评价;要尊重学生的理智与情感,防止不当的褒贬与偏爱,使学生出现自卑、自负或自欺等错误的自我观念。教师对一些学习有障碍、个性发展上有缺陷的学生,要给予更多的爱抚和关怀,要善于从他们的处境出发加以理解和帮助。评价中要注意挖掘他们在学习上的闪光点,为他们创设学习上能获得成功的机会,使之产生积极的情感体验,促进其自主学习、主动发展。

除此以外,在数学课程的实施过程中,课堂评价还应遵循正确性、针对性、全员性、指导性、适时性、幽默性等原则,朝着有利于学生发展的方向迈进。

三、课堂教学评价的基本要素

课堂教学评价构成要素主要包括教师、学生、教学内容、教学方法和教学环境等。这些要素对教学质量的影响既包括它们本身对教学效果所起的作用,也包括这些要素之间的相互作用对教学效果的影响,如教师与学生、学生与学生、教法与教师、教法与学生对教学效果的影响等。

(一)教学材料、教学内容和学习任务

要产生有意义的教学,教学材料本身必须有意义,即能够与学生头脑中已有的概念、命题等建立非人为的联系。也就是说,教学必须考虑学生原有的知识基础,使学生能够在已有认识结构的基础上,利用已有的知识来理解新的知识。建构主义反对过于简单地处理学习内容,希望把学习置于真实的、复杂的情境之中,从而使学生能适应不同的问题情境,在实际生活中能有更广泛的迁移。学习任务必须具有真实性、挑战性以及综合性,才能使学生产生真正的学习。

(二)学习者特征和个人差异

学习者特征包括学习者的认知发展水平、兴趣、态度、智力活动方式等。要明确学生的认知发展具有阶段性的特征;明确学习者的兴趣和态度对学习效果的显著影响;考虑学习者智力活动方式的差异,利用学习者擅长的智力活动方式来教学;考虑学生认知发展水平和知识基础的个别差异,制订分层次的教学目标。

(三)学生在学习过程中的主动参与或投入

真正的学习是高水平的思维活动,学习者必须积极参与教学的全过

程,在解决问题的过程中积极发展自己的学习策略,形成自己的见解。学习者主动参与学习的具体表现是:参与提出学习目标;积极发展各种思考策略和学习策略,在解决问题中学习;积极参与与他人的合作;在学习过程中有情感的投入,让学习成为一种内在的需求;能自我控制,并参与教学评价过程。教学评价应走进学生,构建的评价体系应该适应学生的心理基础,这样才能更加切合被评价者的需要,更容易被评价者接受。

(四)教学方法

要努力创造条件让学生主动参与学习,教学方法必须是互动性的。教师要在教学中发挥指导者、促进者和学习合作者的作用;在教学过程中,教师应该相信学生、了解学生、与学生平等交流,让学生从被动接受知识变为主动获取知识,教师不再是文化知识传播的中介,而是学习方法的指导者。不仅要关注学生的学习结果,还要关注学生的学习过程;教学方法要与物理学科特点、学生高中阶段的认知特点相联系。

(五)教师的素质和能力

教师的素质有道德素质、业务素质、心理素质等,包括教师表达的清晰度、思维的流畅性、掌握知识的广度和深度等。教师在人格方面应表现为:一是理解别人,包括心胸豁达,能体验和理解别人的情感或看法,做人保持公正;二是善于与他人相处,包括真诚、亲切、积极、交往、合作;三是自信、了解自己。

在推进新课程实施的过程中,创造性素质是重要的素质之一,教师的创新精神、创造能力直接影响学生,要培养出有创造力的学生,教师本身必须有创造力。教师要具有现代人的观念,要有适应现代社会发展、知识更新的创新意识,能够发现并发挥自身的创造性,乐于从事创造活动,善于随机应变,注意课堂随机生成,创造性教学;教师自身要具有理智的好奇心,并注意呵护和培养学生的好奇心。教师只有在新"课标"教学过程中不断学习、进取,才能使自身素质和能力不断提高,才能适应现代教育的需要。

(六)教学媒体和技术

信息化的教学环境中,以计算机为基础的信息技术为学习者提供了有力的建构工具,学习者可以利用电子表格、统计软件等来帮助自己处理各种数据,分析其中的规律,利用文字处理软件和多媒体平台来报告自己探究的结果,与同伴交流。互联网大大地拓宽了教师的视野,扩展了课程和教材的含义。教师要能切实转变观念,积极掌握现代化教育技术,并以此努力转变教学方式。

(七)师生关系

教师要创设平等、自由、相互接纳的学习气氛,在师生、生生之间展开充分的交流、讨论、合作,学习者之间的合作要有利于培养对不同观点的尊重,对问题形成多角度的理解。

(八)评价反馈

教师要认真倾听和接受学生的想法和意见,对正确的反应给予积极的强化,如微笑、点头、重复和阐述学生的正确答案,说一些肯定和鼓励的话。教师不要嘲笑学生的错误反应,而应在思考问题的方法方面给予启发,鼓励学生继续努力。

四、评价内容

变关注学业知识为学业知识与非学业知识并重。传统的教学评价认为好学生就是会考试,只关注考试成绩的优秀与否,至于情感、态度、价值观等根本谈不上关注,而《义务教育数学课程标准(2022年版)》强调,评价的内容应该与课程目标一致,充分体现"知识与技能""过程与方法""情感、态度与价值观",在过程与方法的评价中,要特别注意形成性评价与终结性评价的结合,即不仅要注意学生通过过程与方法的学习获得了什么,更应该记录学生参加了哪些活动、投入的程度如何、在活动中有什么表现和进步等情况。在评价内容中情感态度和价值观就是要求教师应该通过学生在学习过程中的表现来了解学生在情感科学态度、科学的价值观方面的现状和进步,注意观察,做出记录,并和过去的记录进行比较,学生也应该在这些方面反思自己的表现和内心体验。应该注重学生对于科学技术、社会问题认识的评价。

五、教学评价的步骤

(一)准备

评价是从评价的准备开始的。评价的准备包括背景分析、制定评价的方案和建立一定的评价组织,解决好为什么要评价(基于什么考虑)、评价以什么为标准、由谁来实施评价等问题。

(二)实施

实施又包括相互沟通、收集信息、评议评分、汇总整理等工作。其中,收集信息的环节又尤为重要,这是因为教学评价是以对事实性把握为前提的。在教师教学评价中,常用的收集信息的方法主要有问卷征询、座谈会、行动观察和记录等。在学生学习评价中,常用的收集信息的方法有量化形式的测验法、质性形式的观察法、成长记录袋法和调查法等。

(三)结果分析

评价的结果分析是评价实施的延续。教学评价结果分析不仅包括对教学对象、教学过程和教学结果的分析,而且包括对评价本身的质量分析。后者通常被大家所忽略,但它确实是教学评价的一项重要工作。

总之,教学评价是一项专业性和技术性很强的工作。按照科学的程序组织教学评价,对保证教学评价质量、达到预期评价目的有很大的帮助。以上仅仅是对教学评价步骤的一个简要的介绍。

六、评价教学设计的过程和结果

对教学设计过程和结果的评价是指对教学设计的过程和结果(即教学方案)进行的可行性、实用性、有效性等的评估。显然,这样的评价强调的是形成性评价。

(一)对教学设计过程和结果的评价设计

评价教学设计过程和结果的根本目的在于帮助教学设计者(通常也是实施者)监控并改善教学设计。而监控和改善的前提是全面关注教学设计的"输入—过程—结果",收集和利用评价信息,判断设计过程和结果的优缺点,指出哪些地方需要修改,并提供详细的修改建议,帮助教学设计的相关者做出具有针对性的决策。

对教学设计过程和结果的评价主要通过以下几个步骤来完成:首先是制订评价计划,核心是设计评价的指标体系,通常可以围绕教学设计的主要环节进行设计;其次是实施评价指标体系和搜集数据;最后是整理、分析和归纳数据,形成评价结论并进行反馈。

(二)对教学设计过程和结果的修改

对教学设计过程和结果的评价总是指向教学设计环节和教学设计方案中存在问题、需要修改的地方的。例如,对照"教学设计过程(和结果)、评价指标体系(量表)",可以知道教学设计某一环节及其设计结果是否有效。如果是有效的,那么就不需要进行修改;如果发现教学设计某一环节或其设计结果无效或效果不佳,那么就需要进行修改。无疑,对教学设计过程和结果的评价结论是修改教学设计过程和结果的逻辑起点。

需要特别指出的是,对教学设计过程和结果的评价仅仅依靠教学设计者本人的力量是远远不够的。对于教学设计这种复杂现象,多视角地思考、审视有助于得到更深刻、更趋科学的认识和理解。更何况,个人周围环境中蕴含着丰富的设计者进行教学设计所需要的资源。所以,通过相互学习、反思和坦诚对话,获得身边同事、校外名师乃至教育理论工作者的帮助、支持、引领、指导,获得对自己的教学设计、对同行的教学设计、对专家关于教学设计的观点的了解,无疑会使设计者的教学设计水平、对教学设计的信念等取得长足的发展和进步。甚至,经常听一听学生的想法和意见同样有益于提高教学设计的广度、深度和效度。归纳起来讲,"外部力量"的咨询有以下一些作用:一是帮助设计者对教学材料的现行结构进行分析;二是提出适当的问题,帮助设计者对是否需要修改(甚至重新设计)进行决策;三是帮助设计者评价教学设计方案或某一环节的设计结果,评价其在修改前及修改后可能的教学状态;四是为设计者提供修改过程方面的建议,这有助于设计者扩展有关学习、教学及教学技术方面的考虑;五是帮助设计者选择、设计和制作教学材料;六是向设计者提供适当的鼓励等。

最后,当设计者对教学设计方案或某一环节的设计结果进行具体修改时,他必须再次分析和检查评价数据和评价结果,根据"想要发生的"和"实际会发生的"之间的差距,重新发现设计中的不足,然后,回到设计的"规划"阶段开始新的设计。

第三节 多元化的教学评价方式

当前的课程教学主要以终结性评价为主,而为了保证与当前的社会发展相适应,还需要实行形成性评价,这样才能使教学的属性完整地体现出来。形成性评价是为了实现教学目标服务的,努力促进学生的进步与发展。当学生完成了一个阶段的学习之后,要从整体效果上对他们在这一阶段的学习情况进行把握,这是形成性评价所要采取的必要步骤。而传统的终结性评价是在学习完成之后进行的,如果放弃这一评价方式,那么评价就缺乏连续性,也使得评价的许多功能丧失。因此,当前的教学评价需要将形成性评价与终结性评价相结合,或者说可以将终结性评价作为形成性评价中的一个特定组成部分,只有这样才能形成完整的评价。

一、终结性评价

终结性评价并不是学习的终结,而是教学与学习中的另外一个起点。终结性评价对于初中数学教学来说意义非凡,其可以对教与学的优劣进行分析与评判,对教与学中各个层面的表现进行综合评估,从而为下个环节的展开做准备。

(一)终结性评价的作用

对于教学而言,终结性评价是一个普遍的评价手段,但是其作用是不可磨灭的,具体表现为如下几点:

(1)评定学生的学习成绩。在教学中,终结性评价主要用于评价学生的学习成绩。通过平时测试、期中与期末测试,教师可以了解学生是否有所进步、是否实现既定目标,从而为学生下一步的学习提供建议。

一般来说,终结性评价的总体成绩是平时测试、期中测试、期末测试的综合体。也就是说,在进行评价时,教师应该把这些成绩综合起来评定,最终获得学生的总体成绩与平均成绩。

(2)确定学生的学习起点。终结性评价的结果可以为学生下一阶段的学习提供依据,同时可以将学生的认知、情感等层面的学习准确程度反映出来。但是不得不说,要想能够发挥终结性评价的作用,为学生的下一阶段的学习确定做准备,就必须要将总结性评价的分数需要与详细的评语结合起来。当然,这些评语最好通过"内容—形式"表格形式来呈现,从而可以清晰地看出学生的知识与技能水平,否则仅仅依靠单一的分数是很难将学生的学习起点确定下来的。

(3)证明学生的能力水平。通过终结性评价,教师可以确定学生知识与技能的掌握情况,当然也可以初步了解与把握学生所具备的某些特殊能力。但是一般试题型的考试才具有这一作用。这是因为,这类型的考试重心在于某些特定内容的特点及行为表现上,且这些试题都是精心挑选的,所展开的评定也是具体的评定。

(4)预言学生成功的可能性。终结性评价可以被用来预言学生能否成功。一般来说,在某一门功课的终结性评价成绩较好的学生,他们在其他科目上也会取得较好的成绩。当然,这也不是绝对的,因为很多学生具有可塑性,所以成绩也很容易发生改变。另外,学生的学习能力也是会改变的,他们在各个阶段的进步程度也不是一成不变的。因此,在进行终结性评价之后,教师应该根据结果来预测学生的学习潜能。

(5)对学生的学习提供反馈。终结性评价大多在某一阶段结束之后或者某一学期结束之后展开。如果其测试的是学生某一阶段的学习情况,那么所选择的试题应该能够反映学生这一阶段的学习情况,这就是说这一阶段的终结性评价可以为学生前一阶段的学习提供反馈,且这种反馈具有鼓励性与积极性,同时还能对前一阶段学习中出现的问题进行纠错。

如果其测试的是学生某一学期结束之后的学习情况,那么所选择的试题应该进行合理的编制,并且对学生的学习情况进行恰当评分。同时,学生可以从自己的测试结果中获取有效信息,从而改进自己的学习情况,了解自己学习中存在的问题以及成功之处。这些信息有助于为下一学期的学习确定目标。

(二)终结性评价的方式

测试是终结性评价中的一个基本的方法。虽然它并不是唯一的方法,但是它的信度是不言而喻的,因而成为了终结性评价中最为常用的方法。一般来说,测试分口试与笔试。在以往的教学中,测试多为笔试。

根据不同的标准,测试也可以划分为如下多种类别:

1. 按照学习阶段划分

按照不同的学习阶段,学习测试可以划分为如下四种,这是从一个学期来说的。

编班测试主要是为分班做准备的,是从学生入学考量的。通过进行编班测试,教师可以对学生的语言掌握情况加以了解,从而有助于教材的选择与安排。编班测试还会从学生的水平出发,将程度相似的学生编制在一起,进行统一化的指导,从而实现真正的因材施教。由于编班测试对于学生的差异性要求明显,因此在题型设计时应保证连贯与全面。在编班测试过程中可以采用应用语言学中的调查法和比较法,从而提高编班的科学度。

随堂测试是指学生经过一段时间的学习后,对学生进行的小测试。这一测试一般时间短、分量少,形式多样。一般情况下,随堂测试的形式很多,如听写、翻译、拼写等。在题目设计时,应该保证适宜的难度。通过随堂测试,教师可以了解学生每节课的学习程度和语言使用情况,为日后教学改进打下良好的基础。

期中测试除了可以将教学大纲的要求体现出来,还会基于随堂测试,形成一定的系统。在进行期中考试时,教师往往会组织学生复习或者让学生自己复习,之后让学生参加统一考试。期中考试不仅让学生产生紧张感与阶段感,还能激发他们的独立思考,对知识形成一定的系统。

与以上三种测试方式相比,期末测试具有广泛的应用价值,也具有较长的时间跨度。一般来说,期末测试的目的在于对学生某一时期的学习效果进行评价;促进学生系统地巩固知识;为下一学期的安排做准备。期末测试的题型应该从教学大纲出发,将本学期学生的学习内容反映出来,但是也不能完全照搬教科书,应该具有灵活性,从而更深刻地检测学生的学习情况。

2. 按照测试的用途划分

根据测试的用途,可以将测试划分为如下几种:

潜能测试主要用于评估学生的潜能或者语言学习天赋。潜能测试不是根据教学大纲来设定的,对学生掌握知识的多少也不在意,而是测试学生的发现与鉴别能力,可能是学生从未接触的东西。

成绩测试主要是对学生所学知识的考查,通常包含上面所说的随堂测试、期中测试与期末测试。这都是从教学大纲出发来设定的。诊断测试主要是对学生语言能力与教学目标差距之间的确定,从而便于从学生的需求出发来设计题型。诊断测试主要是课程展开一段时间后对学生进行的一定范围的测定。通过评估学生这段时间的表现,确定是否学到了应有的知识,进而发现教学中的问题,改进教学,力图做到因材施教。

水平测试主要是对学生语言能力的测试,即主要测试学生是否获得了语言能力,达到语言教学的水平,决定学生是否可以胜任某项任务。水平测试与过去的教学内容与学习方式并没有直接的关联性。

3. 按照评分的方式划分

按照评分方式的不同,测试可以划分为如下两种:

主观性测试的题型有很多,如翻译题、简述题、口试等,且设计也非常容易,学生可以自由陈述自己的观点与想法,这是对学生语言运用能力的考查。

客观性语言测试的题型较为单一、固定,主要有判断正误、选择、完形填空、阅读理解等。学生只需要在相应位置做出答案即可,存在猜测的成分,因此很难测量出真正的语言能力。

二、形成性评价

形成性评价是日常教学中由师生共同参与与实施的评价手段,其首要目的在于促进学生的学习,核心在于通过不同的手段与形式的反馈,为师生提供具体的参考。

(一)形成性评价的作用

形成性评价集过程性评价、真实性评价、过程性评价为一体,因此其对初中数学教学有着广泛的意义,具体可总结为如下几点:

(1)改进学生的学习。形成性评价可以将教材中的缺陷以及学生学习中的困难展现出来。教师将自己批改过的试卷分发给学生,学生通过答案对照,可以发现自己学习中的困难,并根据教师的建议进行改正。当教师发现某一问题对于大多数学生都存在困难时,这时教师可以在课堂上统一进行讲解,从而便于学生构建知识网络。需要指出的是,教师尽量使用不同的教学方式展开讲解。当只有某个学生对某一问题存在误解,这时教师可以采用适合他的方式进行单独讲解与指正,这样便于该名同学的理解与把握。

(2)强化学生的学习。形成性评价有助于强化学生的学习,尤其是对即将完成本单元学习或者已经完成本单元学习的学生来说强化作用更为明显。学生通过得到正面的肯定,可以激发他们的学习欲望、学习情感与认知水平,调动他们的积极性,从而便于他们对词汇、句法知识的巩固。

要想发挥出形成性评价的最优强化作用,一个关键的层面在于不要仅依靠打分来划分等次,而应该采用恰当手段让学生知道他们是否对某一单元、某一学期的知识有所掌握。另外,教师要多使用鼓励性的语言,让学生保持一份自信心,从而愿意投入到接下来的学习之中。

(3)为学生的学习定步。形成性评价可以为学生的学习定步。学习并不是一蹴而就的,是一个循序渐进的过程,学生对前面一个单元的掌握情况可以为下一个单元的学习奠定基础。形成性评价可以帮助教师确定学生是否掌握了前面一个单元的内容,并根据他们的掌握情况为下面一个单元的教学设置恰当的任务与教学速度。如果教师能够有计划地进行形成性评价,那么就可以让学生逐步掌握既定的教学内容。

要想使形成性评价能够为学生的学习定步,一个关键的步骤就是教师要对课程进行系统的分析,对构成各个单元的学习任务展开合理划定,这样才能帮助教师制订出符合教学单元的计划。

(4)为教师提供反馈。形成性评价可以为教师提供一定的反馈。教师通过分析评价结果,可以查看自己之前的教学目的是否明确、教学内容与脉络是否清晰、语言结构与功能任务是否有效完成、教学手段是否恰当等。基于这些信息,教师可以不断改进自己的教学方式,对教学内容进行重新或者完善的设计。

(5)记录学生的成长。无论学生学习什么内容,都期待自己可以获得进步。同样,在形成性评价中,教师需要根据学生平时的表现来进行评价,无论是每一堂课的表现还是每一个单元的表现,教师应该将这些表现记录下来,从而构建一个成长记录袋或者电子档案,这不仅可以为之后的评价提供依据,还可以为终结性评价提供参考。

(二)形成性评价的方式

当前的课程教学主要以终结性评价为主,而为了保证与当前社会发展相适应,还需要实行形成性评价,这样才能使教学的属性完整地体现出来。具体来说,教学评价应该采用一些创新的方法。

1. 学习档案评价法

学习档案评价法是当前应用较为广泛的评价方法。所谓学习档案评价法,是指对学生个体的各种信息进行收集。一般来说,其收集的内容具有多样性与动态性。

学习档案积累的材料代表的不仅仅是结果,而是学习过程与学习活动,其包含选择学习内容、比较学习过程、进行目标设置等。学习档案评价可以有效地提高学生的自主学习能力,下面从内容、流程等层面进行分析。

(1)学习档案的内容。

①自主设置目标。自主设置目标可以引导学生更为积极主动。目标是由学生自己设置的,这对于他们开展自主学习非常有利。

目标设置是否具体,会对学生的学习动机产生影响。根据研究发现,设置近期学习目标的学生要比设置远期学习目标的学生的自主学习动机更为强烈。这是因为,近期的学习目标一旦设定,会更加明显地体现为学生某些层面的进步,为学生下一步的学习指明具体的方向,同时也更容易让学生根据目标,检测自己的学习活动与学习过程。当然,设置的近期目标也不能太低,否则会影响学生的进步。

②自我评价报告。自我评价报告是学习档案的一项重要组成部分。自我评价的对象可以是学生学习行为的进展情况,也可以是学习行为的总体表现,或者是学习阶段的总结,这些都是自我评价的内容。学生学习档案的这一功能有助于促进自我反思,从而有助于学生进行自我评价,帮助教师对学生进行了解,这是传统评价方式无法做到的。

在进行自我评价的过程中,学生可以评价自己某一方面的表现或者某一项任务的表现。教师在学生自我评价的过程中,可以为其提供些评价标准。学生参与各项语言任务评价的过程也是一个学习的过程,学生可以参考一定的评价标准,对自己的语言任务与具体表现展开评价,然后通过反思,提升自身的语言技能。

③学习相关因素自我评价。自我评价除了对学习过程中知识技能掌握情况进行评价,还可以对学习过程中的情感因素展开评价,如学习态度、学习动机、学习风格等。这些方面的自我评价可以采取问卷形式。在教师的指导下,学生填写相应的问卷调查,积极主动地了解自身学习过程中的相关因素,对自己的学习策略展开调整,从而提升自身的学习动机与学习意识。

除上述内容外,学习档案中还可以包含每周学生需要的资料、语法知识资料、教师测试的成绩记录、其他学习记录或者个人自主学习资料。

(2)学习档案的流程。在档案建立之前,教师可以组织家长与学生阅读学习大纲,理解档案构建的必要性,并对如何构建、使用进行指导,为以后有效地使用档案袋做准备。

2. 自我评价表

自我评价表的设计可以采用量规方式,也可以采用问卷调查表的形式。

(1)量规。量规是一种结构化的定量评价标准,往往是从与评价目标相关的多个方面详细规定评级指标,具有操作性好、准确性高的特点。

在评价学生的学习时,运用量规可以有效降低评价的主观随意性,可以教师评,也可以让学生自评或同伴互评。如果事先公布量规,还可以对学生学习起到导向作用。此外,让学生学习自己制定量规也是很重要的一个评价方法。

(2)问卷调查。问卷调查是通过提问题,让学生通过自己的实际情况进行判断,并做出回答。问卷调查表可以帮助学生通过回答预先设计好的问题来产生某种感悟,从而促使他们对自己的学习过程和学习结果进行重新审视和修改,提高他们的自主学习能力。

3. 行为表现评价法

所谓行为表现评价法,即教师通过对学生在某项活动中的表现,对他们的行为进行的评价。从学生的行为来评价,有助于教师和学生发现自身的优缺点,从而制订出符合学生的学习计划。教学评价对行为表现评价法非常看重,并将其作为评价的一个重要手段。

一般来说,行为表现评价法具有如下特点:要求学生对学习成效加以展示,对演示过程的细节提前进行展示,对演示的过程进行直接的观察,根据标准对行为展开评价。

由于评价需要根据一定的标准,因此在制订行为表现评价法的标准时,需要考虑:从学生的实际情况出发来制订,标准不高不低;目标要细化、具体,便于学生明确;标准具有诊断性的特征,便于学生明确自身的优缺点;标准要具有连续性的特征。

制订了评价标准之后,学生的学习行为便有了方向。接着教师就需要进行评价,具体可以采用如下几种方法:

(1)观察。在行为表现评价法中,观察法是主要的手段,教师根据教学目标,对学生的课堂表现进行观察,从而做出判断,并做出有深度的、细致的分析。有时候,会运用录音、录像等手段,便于之后的分析与判断。

一般来说,教师进行观察时需要注意如下几点:

其一,观察学生是否向目标迈进。

其二,观察学生是否获得预期发展。

其三,发现学生学习中的你问题,并制订计划进行辅助。

其四,观察学生是否体会到学习的乐趣。

其五,观察学生是否重复运用一些学习技巧。

其六,观察标准是否与学生实际相符。

观察的方式有很多,其中日常记录是非常重要的手段,即对学生的学习情况进行记录。

(2)量表。评价量表是对观察进行记录的工具,其使用往往以表格形式呈现,对教学的某一层面加以描述,或对某一特定行为进行描述,量表的运用有助于教师学生了解自身的优缺点。

第四节 数学课程学习评价案例分析

新课程的评价,以促进学生的发展为其核心内容。在教学实践中,许多教师尝试运用不同的方法评价学生在学习过程中的表现,既提高学生对学习数学的兴趣,增强学习数学的信心,也有助于教师全面了解学生的发展,不断改进教学,以促进学生的发展。下面的实例是教师在实践中创造和运用的,从某种程度上体现了新课程的评价理念,尽管具体的方法还有待完善,但对探索和思考初中数学评价改革具有一定的参考价值。

课例 5-1 画平行线

师:同学们都写得不错,那么我们能不能用两根小棒摆出两条平行线呢?试试看。

(生摆小棒)

师:哪个同学说一说你是怎样摆的?

生1:我用两根小棒夹着尺子的两条边沿不就可以了?

生2:我把这两根小棒在桌面上竖起来,与桌面垂直就可以了。

生3:用尺子量出它们之间的相等距离就可以了。

师:同学们都摆得很棒。那你能不能用尺子或三角板画出平行线呢?请试一试。

(学生试画平行线)

师:画好了吗?谁来说一说你是如何画平行线的?

生4:我把一把尺子压在纸上,然后用铅笔沿着它的两条边缘画出来就可以了,因为尺子的两条边缘是互相平行的。

生5：我在一本代数作业本上沿着两条线画就可以了，因为作业本上每一格的两条线都是互相平行的。

师：很好，这两个同学都善于观察，还有吗？

生6：我在方格纸上可以画平行线，不管是横画、竖画都可以，只要用尺子沿着其中的两条直线画就可以了。

师：这个同学真棒！好的，同学们，请在你的几何方格本上按着这个同学说的画出平行线。

（学生在几何本上画平行线）

生7：老师，在几何本上除了刚才上面的两种方法外，我还有一种画法。

师：说来听听。

生8：我还可以斜着画。

师：你可以上来演示一下吗？我这里刚好有一块小方格板。

（生8到台上演示）

师：这个同学画得很好，请你告诉同学们，在斜面的过程中怎样画才能使这两条直线平行呢？

生9：先画好一条直线，然后往下数几格，左右都一样就可以。

师：谢谢这位同学。

生10：我还有一种跟他不一样的方法，我可以用对角线画法，选取一个小正方格并画出对角线，然后再选取一个小正方格再画一条对角线就可以了。

师：太棒了，你能给同学们演示吗？

（生10到台上演示）

师：这位同学很棒。好，下面请同学们试试斜着画平行线。

（学生画平行线）

师：同学们，刚才我们都是在代数、几何本上画平行线，除了这几种方法外，你还有其他的画法吗？

生11：老师，我可以在一张空白纸上画平行线。

师：噢，你能来这演示一下吗？

生11：（到台上演示，边画边说）先固定一个三角板，然后用另一个三角板的边紧贴着固定的三角板的边缘，画出一条直线，然后移上去再画出一条直线，就可以了。

师：真是太棒了，这个同学善于开动脑筋。这种方法是我们以后画平行线用得最多的一种，我们就给它起个名字，就叫作"平移法"。请同学们用平移法画出平行线。画的时候要注意什么?

生:(众)固定的三角板不能移动。

(学生画平行线)

评析:创新精神和实践能力的培养是素质教育的重点,课堂教学是培养创新精神和实践能力的主渠道,所以课堂上对学生探究、创新和实践能力的评价是教学过程中不可缺少的一个重要组成部分。科学、合理、鼓励、创新地评价有利于促进创新精神和实践能力的培养。课例5-1中教师总是用富有激励性的语言和赞赏的眼神鼓励学生,促使学生不断地尝试、不断地实践,设计出越来越巧妙、新奇、别致的画法,令他们越学越想学,越做越想做,甚至到了欲罢不能的地步。在教学过程中,教师不断用赞赏的话语来评价学生,接着提出下一个问题。这些话语如:同学们都写得不错;同学们都摆得很棒;那你能不能用尺子或三角板画出平行线呢?请试一试;很好,这两个同学都善于观察;这个同学真棒!画得很好;谢谢这位同学;太棒了;这两位同学很棒;真是太棒了,这个同学善于开动脑筋等。所以,要使素质教育取得突破性的进展,必须突出对学生探究、创新和实践能力的评价。

课例 5-2 课堂观察小结

内容:二次函数单元小结

学生姓名:

类别	项目	等级	评语
知识技能	理解概念		
	理解性质		
	描绘图像		
	应用能力		
数学思考	符号语言		
	合理推理与证明		
	有条理地表达		
	数形结合的思想		

续表

类别	项目	等级	评语
问题解决	实际问题的数学表达		
	基本策略		
	交流		
	反思		
情感态度	课堂表现		
	作业		
	独立思考		
综合评价			

评析:课例 5-2 是对每一个同学在本单元的学习过程中的总体观察评价,这种评价有较强的主观意识,也可能受以往的印象的影响,因此对个别同学可能不那么准确贴切,但我们可获取一些措施来弥补。例如:可以反馈给学生后再和该生讨论;及时改正不准确的评价;尽可能避免先入为主;还应注意这些评价的定位应以学生接受为主,目的还是促进学生的发展。

第六章 初中数学学习能力的培养

基于数学能力的特点,在数学教学中应培养哪些能力,各家说法不一。有人从生理和心理学的角度来考察,认为能力是智力在认识世界和改造世界中的表现。数学能力是保证人们顺利地完成数学活动所必须具备的稳固的心理品质的综合,它与数学活动紧密联系。按照数学活动的结果能否产生对社会有意义的成就为标准,数学活动可分为数学学习和数学学术研究两种类型。由于活动的类型不同,相应的数学能力也呈现出不同的水平,一种是数学学习能力,即准确理解数学知识内容,迅速形成必备的技能技巧的能力;另一种是数学研究能力,即研究出具有社会价值的新成果的创造性才能。由于我们重点讨论数学教学,所以本章所指的数学能力是数学学习活动中形成和发展并在此类活动中表现出来的数学学习能力。数学能力取决于数学学科和数学活动的特征,以及人们在顺利完成这种特殊的数学活动时所反映的心理品质。数学中的每一个概念、公式、法则、方法、原理、解题模式都是抽象概括的产物,并且随着数学知识的逐步深入,抽象的要求越来越高。数学的抽象性和概括性的特点,就要求在数学学习活动中必须具备抽象概括的能力。

第一节 学生数学运算能力的培养

对于运算,有一种不全面的看法,认为运算主要是计算。这是把运算的意义局限于通常的加、减、乘、除、乘方、开方等代数运算,是对运算狭义的理解。其实运算还包括函数、极限、微分、积分等运算。在引进了集合的概念之后,集合的并、交、补也是运算,变换是运算,代数中的恒等变换,解方程(组)、解不等式中的同解变换,几何中的平移、旋转、对称、伸缩、相似等变换也是运算。如果对运算做出广义的解释，就不会认为运算只是算术、代数中的事，而是贯穿于整个中学数学教学的始终。

运算能力是在运算活动中形成和发展的。学生在掌握了数学的概念、原理、法则之后，经过多次的练习而形成运算技能，而运算技能进一步转化为具有更大概括性的心理特征就成为运算能力，衡量运算能力的标志是看运算的合理、准确、简捷、迅速、灵活的程度和意识到运算法则的清晰程度。

一、运算能力的意义与价值

数学运算能力是数学三大能力之一。它是数学能力结构中非常重要的一个能力构成。数学运算能力形成的中心环节，是准确把握运算目标，学会根据问题特点及运算的条件选择适当运算途径的策略，形成合理、简洁运算的意识和习惯。

(1)数学运算能力有利于其他数学能力的培养。由于数学运算能力具有综合性的特点，数学运算过程又是一个复杂的过程。那么，在进行数学运算能力培养时，首先，就要求学生对所学的数学知识的内涵、作用和用法熟练掌握。比如，学生要熟记数据和公式，这样才能正确、迅速地进行各种运算，要对数学概念或基础知识深入理解，这样运算时就会有理有据。其次，还要求学生具有较强的观察力。如果学生善于观察，能从问题特点入手，就能对问题进行有效的分解、组合变形，发现需要运用哪些数学知识来解决问题，才能获得运算结果的捷径，并能选择合理的运算方法和途径，也能觉察到运算中不合理的地方并及时改进。最后，培养学生的想象力。如果学生能够把数、式的运算与图形等其他数学表示形式联系起来，那么其运算过程就会灵活多变。

(2)促进学生理解数学符号化与形式化的特征。符号化与形式化是数学学科发展的重要特征，从数学发展的历史看数学学科的运算，从中可以看出数与运算的发展与数学的符号化与形式化进程相互伴随，在发展过程中它们之间是互相推动和互相促进的。对于运算来说，运算对象和运算规律是其最基本的要素。数与运算的发展过程中，运算对象不断得到抽象和符号化，进而研究这些被符号表示的新的形式化对象的运算规律。在数学学习中，理解用字母表示数，是学会用符号表示数量关系和变化规律的基础。对符号表达形式化运算对象意义的理解是掌握运算技能的基础。在运算能力培养的过程中应渗透这些思想，有助于学生正确理解数学，树立正确的数学观，而不仅仅把数学理解为依据权威者规定的规则，对无意义的符号进行的形式化机械操作。

(3)运算能力的培养促进了相关数学概念的理解。运算在中学数学中具有基础性作用，运算主要是为推理、演绎、判断或证明服务的。从数量和数量关系的角度来看，数学是建立在概念和符号的基础之上的，为了研究数量，先从数量中抽象出自然数及自然数的运算法则，根据运算的需要逐渐进行数的扩充；自然数与加法、整数与减法、有理数与除法、实数与极限；为了研究数量关系，定义了方程、不等式、函数、导数、微分、积分、微分方程。

认识运算是进一步理解相关数学概念的基础。例如，对函数性质中单调性、奇偶性、周期性等重要概念的理解，都离不开运算，这些概念本质上就是对函数运算的某些特性的反映。对于基本初等函数的性质的研究，就是对这些函数解析式所反映的运算特性的研究。例如，二次函数的对称性，其本质是由平方运算的特性决定的。又比如，等差数列和等比数列这两个概念，是以相邻项的差运算和商运算规律来定义的，因此从运算的特性入手进行教学，能够更深刻地理解这两个基本数列模型的特点。

二、运算能力的培养

技能是掌握知识到形成能力的中间环节，是通过训练来达到的。没有一定数量的训练，就不能形成熟练的技能。不过在训练过程中要讲究科学的方法。"冰冻三尺，非一日之寒"，学生数学运算能力的养成不是一蹴而就的，而是在平常的学习中一点一滴积累起来的，训练学生运算能力的关键之处就在于数学课堂上教师的讲解。课堂上，教师应尽量避免平庸地讲述知识，而应生动形象地对知识进行讲解，应在课堂上示范经典题型的解题思路，并且引导学生对这些解题方法与思路进行思考。在日常教学中，教师应细化数学概念，对数学思想进行渗透，还可以对运算思路的过程进行示范，培养学生的正迁移能力，消除负迁移的影响。在课堂上，教师还应重视非认知因素对数学运算能力的影响。

(一)讲究科学的训练方法

如果训练是过多的千篇一律的反复练习,就会使学生产生单调感和厌倦感;如果在训练过程中老是套一个模式,就会产生"功能的僵化性",造成对某个公式、法则的固有用法,看不到其变通的办法;训练的要求如果过低或过高,就不能引起学生的注意和兴趣,因此在进行运算技能的训练时应注意以下几点:

(1)对于某一种运算,在学生进行了一定数量的训练,初步达到熟练以后,应当避免过量的单调重复的练习。

(2)练习题要有变化,要与前面已学的知识相联系,不要都套用同一个模式,要增加练习的趣味性。

(3)练习题的要求要符合学生已有的水平,不能要求太高或太低,练习题要有针对性,要注意解决学生中存在的共同问题。

(4)练习题要由浅入深,讲究运算练习的阶段性。

(5)在练习中要有速度要求,要和学生探讨在解题过程中如何简缩推演过程,以及速算的要领和方法。

(6)在解题过程中要力求合理、清晰和简洁。

(二)对作业要严格要求

课外作业是学生形成技能的一个重要环节。对课外作业严格要求,不仅有利于学生养成良好的学习习惯,而且有利于学生知识的掌握和能力的发展。课外作业要求学生要按时独立完成。学生解答习题要符合以下要求:

(1)解答要正确。要培养学生习惯于运算前的估计和运算后的验算工作,防止发生错误,保证解答正确。

(2)解答要有根据,要求学生在解答习题时,每一步演算都要有确切的根据。

(3)解答要完整。要求学生要全面考虑问题,防止用特殊情况代替一般情况和只注意一般情况而忽略特殊情况的错误。

(5)解答应该是简练的,有些问题的做法往往不止一种,解题时要从这些不同解法中找出最合理、最简单的解法。

(6)养成学生自己对作业评价的习惯。

(三)注重数学语言的培养

数学语言是一种科学的语言,与自然语言相比,它更为简洁、准确、抽象。数学语言中运用了变元和恰当的运算符号、逻辑符号,从一定意义上讲,数学语言也可以称为符号语言。任何一个数学符号语言都具有两方面的内容:语义内容和语法内容。语义内容是指它表示的对象之间的关系,它所反映的是内在数学含义,例如,$a+b=b+a$ 这一符号表达式的语义内容是:对于"+"这种运算来说,元素的先后次序不同并不影响运算的结果。所谓语法内容,是指符号表达式的形式结构。一个符号表达式从本质上看是一个有限符号序列。这个有限符号序列是依照一定的逻辑结构组合而成的,使之成为一个有意义的数学表达式。

数学符号的使用,使得数学语言形式化、抽象化,借助于形式的、抽象的符号表示,数学语言才能反映数与形的一般规律,才能研究各种各样的具有同一种形式关系的数学对象。

在数学学习中,当我们理解了某个概念,掌握了某个公式、法则后,如遇到类似的问题,就不会再一次重复形成概念、公式、法则的思维过程,仅是对符号表达式进行形式的操作,思维过程出现简缩、跳跃、越层现象。在数学学习中,只有很好地掌握数学符号语言,才能对抽象的符号表达式进行运算和推理,才能将用具体的、形象的方式来表达的问题转变为用抽象的代数符号来表示的问题并加以运算。由此可见,数学语言不仅是理解、概括数学事实,促进学生思维发展的桥梁,也是学生深刻理解、牢固掌握运算法则,熟练地进行运算的重要工具。在数学教学中,要提高学生的运算能力,必须同时注意学生的数学语言的培养。在教学实践时应注意以下两点:

1. 要掌握数学语言的语法结构和语义内容

数学符号语言的语法结构是形式的、抽象的,语义内容是具体的、丰富的,两者有机统一,使得数学符号语言具有广泛的适用性,这两方面的内容对数学语言的掌握缺一不可。如果偏重于语义内容的处理,学生将学不会使用形式的数学工具来解决问题。如果过分强调语法形式结构,那么学生将不理解数学符号语言表达的意义,不能把非数学问题化为数学问题。

在数学学习中,中学生在对数学符号语言的掌握上常表现为数学符号语言与它们的内在意义脱节。他们习惯于套用公式去解题,有时这样做往往也能奏效,但是从长远的观点看,对真正掌握、驾驭数学语言是不利的,必定会影响到运算能力和良好的思维品质的培养。

2. 重视口头语言与符号语言的相互转化

口头语言的作用是通过自己语言的叙述,把符号重新赋予意义,这样既有助于促进理解,又有助于加深理解。这是因为,只有对某个问题有了比较清晰的了解后,才能用自己的语言把它正确地表述出来。将符号语言转化为口头语言,首先是符号语言的内化,然后才有可能转化为口头语言。

在数学学习中,口头语言与符号语言的相互转化是十分重要的环节,必须引起教师们的重视。

(四)实现小学与初中数学知识的衔接

关于小学与初中知识应该如何实现衔接,许多数学教育工作者对此进行了一系列的研究与探讨。有研究者为了找到衔接方法,对学生进行了实验分析。实验结果证明:大约有30%的学生,在读完小学升入初中后,数学学科的成绩会出现大幅度的滑坡,与可以很好地适应初中数学学习的学生出现了两极分化的现象。

小学与初中的数学知识无法衔接,主要有三个方面的原因。小学与初中的数学教学内容出现脱节现象。小学对数学的教学要求比较低,学生只要认真学习,就会取得比较好的成绩。但是初中数学的课程标准与中考对数学的要求都有了很大幅度的提升,为学生对初中数学的学习增加了难度。在初二和初三阶段,教师可以在进行初中知识的讲解的同时,穿插一些小学相关知识的讲解,做好数学补习。这样的教学方法,可以让学生感觉初中数学知识并没有自己认为的那么陌生、那么困难,在复习旧知识的同时,还可以学到新的知识。做到小学与初中数学知识的自然衔接,这种教学所达到的教学效果比集中对初中数学知识点进行讲解的效果要好很多。

(五)培养学生良好的学习习惯

在日常教学过程中,教师要注意培养学生良好的学习习惯。对于学习与练习时经常出现或使用的数学知识和公式,要进行归纳总结,帮助学生更加牢固、快速地记忆知识点,让学生更加熟练地使用这些知识点来进行运算。学生在进行数学练习时,一定要认真审题,在演算时一定要细心。学生看到题目时,不是先着急进行运算,而是要弄清楚题目给出的已知条件,确定未知条件与已知条件之间的关系,由此来确定解题思路,选择恰当的解题方法进行解答。在日常练习中,学生在完成题目的解答之后,还可以针对这道题目,进一步思考有没有更加简捷的解题方法,从而达到对解题过程的优化。"失之毫厘,差之千里",学生要认识到细心演算的重要性。教师在数学教学过程中,要有意识地示范一些运算量比较大的计算,并让学生自己进行运算,让学生在大量的运算练习中,维持一个比较细心的良好心态,并坚持运算。

学生在运算过程中,出现运算方法选择错误、运算结果不准确这些情况是很正常的,学生千万不要灰心,教师要鼓励学生正确面对困难,让学生可以依据自己的力量,找到运算错误的根源,发现问题,千万不可以把运算结果出现错误的原因归为马虎。学生只有从心底重视这些问题,从根源上杜绝运算错误,才能从本质上提高自己的运算能力。教师在日常教学中,不仅要重视学生运算结果的正确性,还要关注学生为了得到这个运算结果选用的运算方式是不是足够简单、便捷,运算过程是不是足够合理,书写过程是不是规范、整齐,整个运算过程是否可以完整呈现出来,学生的运算思路是否清晰,等等。这些方面都是保证学生运算正确的重要内容。

虽然不推荐"题海"战术,但是如果只学习数学知识,而不做数学练习,提高数学运算能力便无从谈起。所以说,学生要保证自己可以对数学进行足够的练习,是因为任何一种能力都是在不断实践中生成和发展的。学生要对自己在数学能力方面的强项与弱项有一个明确的认知。对于自己的强项,可以在巩固的同时,适当减少一些练习量;对于自己的弱项,要多加练习,在练习中找到运算的规律,慢慢地把自己的弱项变成强项,补足自己的短板,以此来全面提高自己的运算能力。学生要注意的是,在数学练习中,要养成良好的学习习惯,切不可一蹴而就,妄想一步登天,要懂得循序渐进,逐步实现运算能力的提高。

(六)引导初中生充分认识到计算能力的重要性

计算是学生学习数学的基础,一旦初中生掌握了计算能力便会发现,初中数学并没有自己想象的那么难学。在实际教学中,教师可以发现,有一部分学生对运算方法和数学概念掌握得比较好,但是经常会出现计算错误,他们认为只要学会了解题思路与数学思维方式,运算结果就不重要了,而且如果仅仅是运算结果出现问题,那么扣掉的分数也比较少,因为初中数学的试卷评判是按照步骤给分数的。也就是说,这类学生的计算结果的准确率是很低的,经常会出现其他学生不会出现的计算错误,这就大大降低了这类学生的学习效率。初中数学中的很多内容都涉及计算问题,也就是数与式的运算。如果学生的运算能力特别差,那么是很难学好初中数学知识的。教师在课堂教学中,要明确告诉学生运算能力的重要性,让学生明白,学好数学最基础的能力就是计算能力。因为在中考中,往往一分之差就决定了学生能否被心仪的高中录取。教师还要告诉学生,学好计算对学生的生活很有帮助,如学好运算可以帮助学生规划学生的生活支出与收入,尤其是在求学阶段,都是父母为学生提供学费与生活费,不管家庭条件如何,学生都不应该铺张浪费,学生学好数学计算的话,就可以合理规划自己的生活费,有一个自己的小账本,让每一笔支出都是合理、有价值的,避免不必要的浪费。

(七)培养学生对运算的兴趣

除了真正热爱数学的学生,很多初中生认为数学学习非常枯燥,对于数学中的计算,更觉枯燥乏味。所以,要想培养初中生在计算方面的兴趣,离不开教师的引导。教师可以精心策划自己的数学课堂教学,在教学中采用多种计算方式,让学生亲自参与到计算中去,积极体验计算的过程,从而慢慢培养他们对运算的兴趣,达到提高运算能力的目标。例如,教师可以通过观察学生在课堂上的精神状态与活跃程度,在他们出现疲乏的时候,适当引入一些典型的实例或小故事,以引起学生的兴趣,帮助学生重新集中注意力和精神,从而提高课堂的教学效果。另外,教师可以把自己的教学方式变得多样化与趣味化。教师在课堂上可以利用多媒体、卡片或者是其他与教学内容相关的一些教学工具来进行教学，对学生进行视算、听算、抢算等多种形式的训练，还可以在学生之间展开运算竞争，充分调动学生的积极性，让学生全身心地投入到运算训练中，在学习的过程中化被动为主动，由厌恶、无视运算转变为热爱运算，在运算训练中找到学习的快乐，逐渐形成一个比较稳定且长久的兴趣。

总而言之，传统的数学教学模式不利于培养学生的数学能力，要想及时改变这种模式，适应现代社会发展的需要，就要在初中阶段对数学教学进行改革，培养学生的运算能力，有效促进学生数学能力的提高。数学运算是学生数学能力的综合反映，运算能力的训练是一个长期的过程，如果想依靠短期的强化训练来提高学生的数学运算能力，是不可能的。在日常教学中，教师要有意识地把数学运算能力的训练融入课堂教学中，学生要对主要的数学概念和运算法则融会贯通，并能在解题时灵活运用。

（八）把握好运算训练的尺度问题

运算过程受到阻碍主要是因为学生的运算方向或者运算技巧出现了问题。在教学过程中，教师要解决的问题包括"是什么""为什么""怎么做"三个层面，这在哲学中属于"应然"状态，是一种比较理想的状态。但是在实际教学实践中，出现的运算状况往往是各种因素的综合作用，教师要把握好运算训练的尺度问题，既不能过多，又不能过少。因为初中生的学习科目较多，学生的课后时间是有限的，再加上教务部门布置的整体任务难以落实，就会出现各个学科都会占据学生课后时间的情况。在这种情况下，学生要完成许多硬性的作业，很难对学习内容做到真正的消化与吸收，所以学生在进行数学学习时，要把看书与消化的任务问题转化成可以量化的问题来操作。

在初中三年级的第二学期，学生的时间会变得更加紧张，各科教师都会想方设法瓜分学生的课后时间，剥夺学生的休息时间，学生学习数学的时间会变得更少，学习效率也会受到影响。所以，教师要适当减少训练量，以适应学生时间的调整，但在保证学生数学成绩的基础上进行调整。

(1)细化教学概念,强化公式定理的理解和掌握。基本概念及基础知识是进行正确、迅速运算的依据,是提高运算能力的关键。在数学教学中,只有学生对概念、原理、法则有了真正的理解和掌握,才能从根本上去培养和提高学生的运算能力。在数学学习的过程中,最重要也最基础的就是学习数学概念。在许多情况下,学生在运算中出现错误时会把原因归为粗心大意。其实,之所以出现错误是因为学生对一些数学概念和其本质认识得不够清楚,分不清数学概念的内涵与外延,混淆了数学概念。

(2)强化数学思想方法的渗透。在国外,与数学思想方法相关著作的研究有美籍匈牙利数学家C.波利亚的《数学与猜想》以及日本教育学家米山国藏的《数学的精神思想和方法》。教师在对数学中的某个题型进行讲解时,要利用板书将解题思路进行清晰、仔细的演算,争取把每个关键步骤都在板书上进行体现。学生的模仿能力是非常强的,他们会通过教师的板书来模仿这一类题型的解题思路与解题过程。教师的板书往往成为学生解答问题的模板,所以教师在书写板书时,一定要注意自己的格式是否规范。

(3)培养学生的运算元认知能力。元认知体验是指伴随认知活动产生的认知体验和情感体验,在问题情境中找到各种解答问题的关键线索,并对其进行发掘,激活和提取自己对于问题的认知和经验。元认知监控可以具体分解到解答问题过程中的控制、监察、预见、调节和评价的心理活动。在数学教学实践中,教师要示范自己在运算过程中是如何对关键语言进行提取的,鼓励学生对自己解题监控中的经验和体会进行总结与归纳,形成自己独特的思路与思考风格。

(4)为数学运算创造出良好的外部环境。数学学习需要良好的学习环境,需要学生具有严谨、周密的逻辑思维,对外部环境的要求更加严格。首先,在学生进行数学学习时,要尽量保证自己周围的外部环境是比较安静的,并且可以保持清醒的头脑,尽量避免在嘈杂的外部环境或者是头脑不清醒的状态下进行数学运算。其次,学生要保证在进行数学运算时,准备了充足的草稿纸。在必要的时候,可以借助计算器或数学用表,但要注意的是,一定要培养学生自己独立进行数学运算与验算的能力,以慢慢脱离计算器或数学用表的帮助。在完成运算和验算后,学生之间可以互相校对答案。

(5)掌握牢固的基础知识并学会延伸。基础知识和基本技能的教学是认识数学、理解数学的首要前提,对数学能力的培养起着关键性的作用。在新课程大力发展数学能力的理念下,教师要认识到数学基础和数学能力发展相互依赖、互相促进的关系,只有做到"基础"和"能力"并重,才能真正实现学生的全面发展。

学生在进行初中数学的学习过程中,要注意对基础知识进行牢固的掌握,并且深刻理解数学概念的内涵。这就要求教师在日常教学中,对基础概念和知识点进行深刻、透彻的讲解,不能把讲解的内容只停留在字面意思上,而是要把概念的本质与数学规律用精确的语言描述给学生。教师的发展是新课程改革的重中之重。随着课程改革的深入与推进,教师所面临的压力也越来越大,这种教学压力主要来自课程的实施层面。课程实施对数学教师的行为、思维方式、教学方法、内容安排、教学组织形式等方面都有较高的要求。教师在日常数学课堂中,可以采用多种教学方法,如利用多媒体进行教学;在实验或游戏中进行新知识的传授;把新的章节中包含的知识点与实际问题相结合;将数学知识应用到实际生活中去。可以深化学生对新知识的印象,加强学生对新知识的理解程度,让学生的认知得到更深层次的延伸,帮助学生在运用概念进行运算时更加得心应手。

把教学知识与实际生活紧密结合起来,可以激发学生的求知欲,让学生带着强烈的好奇心对新知识进行有效的探索与学习,把枯燥单一的数学课堂变得生动活泼,帮助学生在数学学习方面树立自信心,寓教于乐,让学生更加主动、快乐地进行数学学习。例如,在对典型的概率公式进行讲解教学时,教师可以制作一个抽奖箱,把关于抽奖的事情设计成一道数学问题,以吸引学生的注意力,引起学生的学习兴趣,让学生可以集中所有的精力来对问题进行思考。教师要鼓励学生运用教材中的相关数学定律和数学法则等对解题的规律进行探索,这样不仅可以让学生快速掌握新知识,还可以让学生牢固地掌握这些知识。

(6)养成良好的解题习惯。这是针对数学运算能力分化现象提出的一个建议。学生在运算过程中由于马虎造成运算能力下降的现象十分常见。为了解决这一问题,教师要及时规范学生的运算过程,帮助学生养成良好的解题习惯,从而提高学生的数学运算能力。数学学习要求学生具有缜密的思维和严谨的态度,因此,教师在日常数学教学中,要帮助学生形成良好的学习态度,严格规范学生在平常的练习中对符号和数字的书写,尽量减少书写错误。

三、教学改进主要研究的结论与策略

(一)数学运算教学的现存问题

通过数学学科能力前测和课堂观察分析,当前的数学运算教学存在以下一些问题:

(1)教师缺乏对运算教学的正确认识。有些数学教师对运算的认识不够全面,教学力度不够,加之课时紧、内容多,无暇顾及运算能力的训练,导致学生运算能力下降。实际上,运算能力不仅仅是算,数学运算能力的一个显著特点就是具有综合性。运算能力不可能独立存在和发展,而是与思维能力、空间想象能力以及观察力、记忆力、理解力、想象力等一般能力互相渗透、互相支持的。

(2)对基础能力的培养还需加强。现实中,一些学生在数学学习中,并没有牢固掌握基础知识和基本技能,不注重对数学思想方法的归纳、反思和总结,是造成运算能力低的又一重要原因。由于学生不注重知识储备,数学概念模糊不清,从而导致运算失误。数学中公式众多,学生在应用数学公式或者性质解决问题时,由于记忆不准,导致运算失误。

(3)缺少学习方法和分析方法的指导。通过测试和课堂观察发现,学生在掌握了基本知识和技能之后,运算时面临的主要困难就是如何探究运算方向、如何选择运算方法。数学课堂中教师对学习方法和分析方法的指导欠缺。教师要重视培养学生分析问题的能力,给学生恰当的学习方法和分析方法的指导,很多学生在课堂上没有学会如何分析题意,不会根据问题的不同条件与特点,合理选择运算途径。没有明确的解题思路,运算方法的选择也不恰当,进而导致运算步骤烦琐,而步骤越烦琐,运算出错的可能性也会越大,形成了一个恶性循环。这就要求教师在课堂上要有意识地多进行学习方法和分析方法的指导,帮助学生学会学习,学会分析。

(二)教学改进的具体策略

(1)重视基本数学问题的教学,积累数学活动经验和基本数学模型。运算能力的形成需要经历从知识、技能到能力的转化,是一个由简单到综合的过程。这就需要教师重视基本数学问题的教学,以相应的知识为依据,使得学生理解有关知识,熟悉相关运算的程序。在这个教学过程中教师要本着"先慢后快""先模仿后灵活"的原则,指导学生严格按步骤进行,并让学生做到步步有据,运算过程表述规范准确、条理清晰。教师在组织进行运算训练时,选择的题目既要达到一定的量,又要注意题目的典型性,要循序渐进地进行。接下来,让学生逐渐学会简化运算步骤,灵活运用公式、法则,以形成运算策略。通过这个过程,学生逐步积累了基本的数学活动经验和数学模型,并通过适当的综合训练,实现运算知识、技能的灵活迁移。教师要通过设计合理的教学环节帮助学生探究知识,教师由知识的传递者变为知识的引导者,从台前退到幕后,而学生冲上前,学生想,学生说,学生做,学生成为课堂的主要参与者,充分体会知识的形成过程,加深对知识本质的理解,获得分析、解决问题的一般方法。

(2)精心选取教学内容,合理安排教学环节。一提到运算能力的培养,大家就会想到大量练习题目。在教学改进过程中,通过试讲和正式讲比较,发现数学问题的选取非常关键。数学问题的难度要适当,适合学生的已有基础,学生拿到问题后入手角度较多,解题方法多样,有利于发展学生的分析运算能力。通过题目将不同的知识联系起来,达到完善知识结构,培养思维灵活性的作用。问题的选取重在培养学生产生想法,强调一题多解的重要性,通过启发和指导学生从不同的层面、不同的角度、用不同的途径和不同的运算过程去分析、解决同一道数学问题。在每一节课中,教师要帮助学生学会观察,思考问题的方法和思路,提高综合素质和学科能力,这就需要精心选取数学问题,合理安排教学环节,并在课堂中细心倾听,分析学生的思路,正确引导,帮助学生突破分析运算的难点。

(3)加强良好运算习惯和学习方法的培养。良好的运算习惯是提高运算能力的重要条件。这里特别要强调,在运算技能的形成阶段,要让学生养成明确运算目标、运算步骤和步步有据的习惯。事实上,学生进行运算时都是依据相应的基础知识来使用具体的运算技能。选用的每一个运算步骤,也都是以相应的基础知识为指导的。然而,学生理解了基础知识并不等于形成了运算技能,因为从知识到技能还需要一个练习过程。这里特别要强调目标、步骤和依据。在课堂教学中,要做好学习方法的指导。比如,教师在指导学生如何探究运算方向、选择运算方法、设计运算程序时,就需要强调审题的重要性,教会学生如何挖掘题目中的隐含条件。

指导学生学会解决问题的一般步骤：①题目的分析；②解题策略的分析；③解题步骤的梳理；④学生动笔进行运算；⑤运算过程的分析和优化；⑥结论；⑦题目的小结反思。在数学问题的分析中强调文字、图形、符号之间的转换，数学问题中数与式的表达，数学式的等价变形，数学问题的等价转化等。在数学问题的求解过程中强调解题策略和方法的择优、解题策略和方法的落实、运算求解过程中的算法指导，数学结论的问题解释。数学问题解决之后的反思，要强调基础知识的梳理、基本方法的提炼、基本技能的掌握、数学思想的凝练。

第二节　学生数学建模能力的培养

自然数、加减乘除四则运算等，都是模拟现实世界数量关系的抽象模型。一部数学史，也是数学模型发展的历史。从20世纪下半叶开始，由于数学应用性的逐步扩大，人们对于数学模型的建立进行了系统的研究。20世纪六七十年代，数学建模首先在西方的一些大学发展起来。20世纪80年代，我国开始在大学数学课程中引入数学建模。随着时代的发展，数学建模已经被作为选修课程正式列入高中数学课程中。进入21世纪，数学模型教学开始进入中小学数学课堂。

教学设计基本实现了预期的教学目标，并使得学生在建模的学习过程中，加深数形结合思想的运用，同时发散思维，展开丰富的想象能力与构建能力，对学生提高综合能力都具有极大的帮助。此外，教师也可以通过数学建模思想和方法的教学，促使学生空间构建技能得到有效的锻炼，并且能够及时发现学生各个环节存在的不足与特长，开展具有针对性的教学活动帮助学生学习完善，使得真正做到学以致用。

一、数学模型思想素养的内涵与课标解读

数学学习不仅要掌握基础知识、基本技能，而且要掌握数学的基本思想和基本活动经验。在初中数学课程教学中，最重要、最基本的数学思想是抽象、推理、模型以及公理思想。《义务教育数学课程标准（2011

年版)》指出"模型思想的建立,是帮助学生体会和理解数学与外部世界联系的基本途径"。在编写建议中提出:教材应当根据课程内容、设计运用数学知识解决问题的活动,这样的活动应该体现"问题情境→建立模型→求解验证"的过程,这个过程要有利于理解和掌握相关的知识技能,感悟数学思想,积累活动经验;要有利于提高发现和提出问题的能力,分析和解决问题的能力,增强应用意识和创新意识模型思想作为数学发展的核心思想,体现在数学与外部世界的密切关联之中,对这种关联的理解与把握,只能通过恰当的活动才能实现,尤其是学生亲身参与、主动体验和构建理解,而传统的讲解式无法言传身教,从而在初中数学课程教学中,发展学生的模型思想、培养学生深刻理解和准确把握模型思想方法的意识和能力,必须密切结合数学模型的构建过程,融数学新知的抽象过程、数学内部与外部关联被揭示的过程为一体,仅仅凭死记硬背绝对不可能形成数学模型思想。

总之,建立数学模型可以帮助学生从数量关系的角度更准确、清晰地认识、描述和把握现实世界,必须关注学生数学学习的过程,重视数学建模需要的思维方法的训练,采取问题驱动式的教学方式方法,让学生在精心设计问题并解决的过程之中逐步感悟数学模型思想。

强调数学建模就是用旧知识攻克新问题,这种转化能力就是数学建模的能力,要学会利用现成知识解决不现成的问题的能力,转化是客观存在的,转化思想是主观对客观的反映,转化思想在数学上应用是广泛的,如对条件和结论进行转化,把隐性转化为显性,把分散转化为集中,把多元转化为一元,把高次转化为低次,把未知转化为已知,或通过一般与特殊转化,数与形相互转化,动与静相互转化,部分与整体相互转化,从陌生到熟悉,把所要解决的问题转化为已经解决的问题。对于转化的重要性,数学建模从某种意义上来说就是需要学生把现实问题转化为数学模型,主动寻找其现实原型的过程。

二、课堂教学之反思

(一)创设悬念,巧指核心

平时新课一般是经历准备、探索、巩固、发展等环节,但是复习课毕竟不同于新课,不再应该只是简单的知识回顾、方法传授、思路讲解,而要对学生已有知识、经验及认知需求有充分的思考,提供给学生有更多思考、更多挑战的问题,当学生心灵深处的强烈需要被激起,就会产生巨大的内动力和高度的热情,便会去自主学习,主动思考,对问题进行设计,直接抛出"两动点与两定直线的三条线段和最小"的问题,这与学生原有的"将军饮马问题"认知产生了冲突,这是对原问题的补充、创新、提升和拓展,巧设悬念,让学生不断尝试、检验、发现问题、分析问题、解决问题,使学生注意力高度集中,课上没有沉闷的气氛,没有思维的惰性表现,有的是课堂的活跃、思维的活跃。这种活跃不是盲目的、随意的,而是紧紧围绕着知识的核心——两点之间线段最短。学生循着这一线索,虽然整个探索过程迂回曲折,但学生在这个过程中充分发挥了主体作用,在不断地尝试挫败中透彻理解数学的本质,开拓了思维,提升了能力。

创设情境是课堂教学的重要环节,其难点在于,创设的问题情境是否能激起学生的兴趣和解决问题的主动性,为此必须选择现实的、有趣的、富有挑战性,有着丰富的学科内涵的素材,作为创设情境的基本要素。对学生而言,明确问题本身,尤其是分析问题的条件,明确问题的条件,明确旨在达到的目标,是其核心问题。

(二)以退为进,峰回路转

当学生碰到困难时,教师因势利导,不妨以退为进,教师引导分析,例如,在草地 CD 处喂马的地点有多处,在河边 AB 饮马的地点也有多处,分别设为点 P 和点 Q,则所求的路程为 $MP+PQ+NQ$。现在的问题是如何在 AB 和 CD 上分别找出点 Q 和点 P,使路程 $MP+PQ+NQ$ 最短。

如图 6-1 所示,让学生思考若点 P 已确定,问题就转化成"将军饮马问题",即求"定直线上一动点与直线外两定点之间的距离之和最小"问题,作点 N 关于 AB 的对称点 N',连接 PN' 交 AB 于点 Q,所以 $PQ+NQ$ 的最小值为 PN',则总路程为 $MP+PN'$。那如何求 $MP+PN'$ 的最短距离呢?因为点 N' 已固定,问题又转化为"将军饮马问题",即求"直线 CD 上的动点与直线 CD 外两定点 M 和点 N' 之间距离和的最小值"。

图 6-1

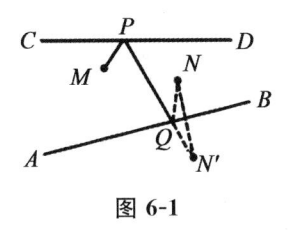

这时学生顺理成章地得到,只要作点 M 关于直线 CD 的对称点 M',作点 N 关于直线 AB 的对称点 N',连接 $M'N'$,分别交 AB 于点 Q,交 CD 于点 P,如图 6-2 所示,点 P、Q 即为所求作的点,使得路程 $MP+PQ+NQ$ 最短。

数学建模的重要环节就是"猜想假设",包括收集信息、制订计划、寻找解决思路、设计解决问题的方案,还包括总结提炼、建立模型,需要引导学生进行归纳、概括、总结提炼,获得有关问题的结论,并与先前的假设和预测比较,对收集到的信息进行加工处理,深入思考与分析,使之由现象到本质,形成结论。

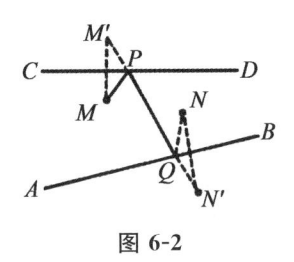

图 6-2

(三)正向迁移,拓展提升

知识要形成体系就要让其"生长",这就需要教师找准知识的生长点即数学本质,抓住学生的心理,在回忆品味整个课堂探索的过程中,利用知识迁移的规律,适当进行拓展提升,让学生有不同层次的"主动架构"来促进知识不断地生长,以形成数学知识、思想方法的体系。

数学建模能力的培养就是要在课堂教学中让学生经历数学建模的一般过程,结合具体的数学学习内容而进行,不宜孤立地学习,在问题解决的过程中进一步体会模型思想。在数学教学中,要提倡采用问题驱动式来呈现,必须精心设计"情境→建模→解释应用,拓展反思"等环节的活动,从中关注学生数学学习的过程,让学生相对完整地再现模型构建的全过程,重视数学建模需要的思维方法的训练,进而提升学生的数学建模能力。

第三节　学生数学问题提出能力的培养

一、数学问题提出概述

第一,现行的数学教学中,基本模式都是"老师问学生答"。实施新课程以后,很多老师注重发挥学生主体性,设计了一些质疑环节,但往往是走过场,很少有学生主动向老师提出问题或者自问自答。我们经常看到教师让学生提出问题而出现冷场的现象。

第二,我们的很多教师在教学中,很少为学生提供发现问题、提出问题的平台。例如,在《菱形的判定》教学的过程中出现以下问题。

师生共同复习矩形的性质和判定、菱形的性质,那么怎样判断一个图形是菱形呢?新课用矩形的判定方法教学类比,呈现菱形的两个判定定理,然后进行证明。很明显这样的课堂是把知识以验证的方式呈现给学生,根本不可能培养学生发现问题、提出问题的能力。

在数与代数中可以这样培养学生发现问题、提出问题的能力,那么,在图形与空间教学中有什么培养学生发现问题、提出问题的能力呢?我们再次进行尝试。

课例6-1　认识三角形(4)

三角形的高,学生在小学已经接触过了。如计算三角形的面积要用到它,这些高都是一眼就能看出来的,比较简单,但对于如何画出锐角三角形、直角三角形、钝角三角形的高没系统地学过,我们在这里将作详细的了解。

【教材分析】

本节课主要是学习三角形的高线的概念,并利用折纸和画图等方法认识其共点的性质。三角形的高线概念比较简单,但为了使学生真正理解,教科书上安排了"做一做""议一议""想一想"三个环节。重点是三角形高线的概念,会画任意三角形的高。难点是画钝角三角形钝角边上的高和三角形高的运用。

"做一做"中,教材安排了画出锐角三角形的三条高线,并观察它们的位置关系,交流得出结论。

"议一议"中,教材要求画出直角三角形的三条高,折出并画出钝角三角形的三条高,然后再观察其位置关系,得出结论。

"想一想"中,画出了直角三角形、钝角三角形的三条高,要指出它们,目的是进一步认识到这两种三角形中高的位置的特殊性。

【教学目标】

数学思考目标:经历探索新知识的过程,提高学生的动手操作能力、观察能力和归纳总结能力。

知识与技能目标:理解三角形高的概念,会画任意三角形的高。

情感态度目标:在解决问题的过程中,体会用折纸、画图等方法给问题的解决带来的方便,增强学习数学的兴趣。

解决问题目标:培养学生发现问题和提出问题的能力,能利用三角形的高进行有关推理和计算。

【教学过程】

过三角形的一个顶点,你能画出它的对边的垂线吗?

【设计说明】

目的是让学生先回忆过一点如何作一条直线的垂线,让学生发现问题、提出问题,即什么是三角形的高?然后再引出三角形高的定义。

评析:本节课的内容不多,但对高的认识学生有一定的难度,特别是对钝角三角形高的认识更是有一定的难度(学生的空间观念还没有充分地建立起来),教师根据学生的具体情况,让学生折一折、看一看、议一议、想一想,让学生充分展开思维,积极思考,展开丰富的想象,从而实现学生在实践中学习、在实践中发展的目的。另外,教师通过创设情境,让学生通过对情境的观察发现问题,提出问题,从而解决问题。本节课如果使用多媒体教学效果会更好。

二、成效与反思

(一)班级整体效果

学生的学习积极性逐步提高,学习热情不断高涨,学习兴趣也日趋浓厚,提出的问题无论是数量还是质量都迈上了一个新的台阶,学生的数学成绩得到提高。

(二)学生个人的效果

学生提出问题的能力明显提高。这是因为实验给学生创造了良好的提问氛围,而且在时间和空间上给予了保证,师生之间、生生之间不存在害怕的关系,畅所欲言,教师要保护学生提问的积极性,对学生提出的问题不管优劣都能耐心、细致地倾听和解答,而且对所提问题的合理部分,能及时给予肯定和表扬。即使所提问题有些离谱,也以鼓励为主。如学生在解答下面问题:如图 6-3 所示,P 是 $\odot O$ 外一点,OP 垂直于弦 AB 于点 C,交圆于点 D,连接 OA、OB、AP、BP。根据以上条件,写出三个正确的结论($OA=OB$ 除外)。

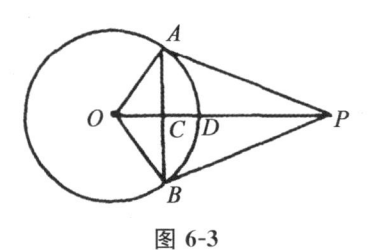

图 6-3

学生提出的问题涉及全等三角形的性质与判定、等腰三角形的性质与判定、圆的性质等,他们提出问题的思路非常开阔。

第四节　学生数学创新思维能力的培养

一、培养思维的可逆性

思维转换能力在很大程度上表现为数学思维的可逆性,即善于改变心理过程中思维的方向,从正向思维顺利迅速地转变为逆向思维序列。从数学角度而言,互为对称关系的可逆概念、正运算与逆运算、原命题与逆命题、数学公式的正反向运用、综合法与分析法等知识内容的学习都要求学生不但能运用知识进行正向思维解决问题,而且能自如地改变思维的方向进行逆向思维,在问题解决中形成互逆双向联结。所以,这类数学知识的学习可以培养学生从正向思维序列到逆向思维序列的转换能力。

当一个人的思维总是向一个目标前进,甚至于已形成固定模式时,在需要将思维的方向作突然的转变时,会产生一定的困难。况且,在从 A→B 的正向思维转变为 B→A 的逆向思维的过程中,逆向思维并没有完全依相反的次序重复着正向思维的途径,改变的只是目标和出发点,两种思维过程的具体路径,中间环节和联结键可能有很大的差异。在数学教学中,教师应该帮助学生排除障碍,在数学知识学习中顺利地建立正逆向双向联结,从而真正掌握和理解数学知识。

(一)具有对称或互逆关系的概念的教学

数学中的许多概念具有对称性或可逆性,例如,互为相反数、互为倒数的数,互补、互余的角,函数与反函数,映射与逆映射,等等。在数学教学中,对于较易接受和理解的可逆概念,可以通过正反两方面的练习和对比,建立可逆概念的双向联结,从而透彻理解和掌握这些概念。然而,对于较难接受的可逆概念,必须在学生已经牢固掌握正概念的基础上,辅以适当的正向问题,从正向问题转向逆向问题,因势利导地引入逆概念。

（二）正、逆运算的教学

在中学数学教材中,有理数加减运算乘除运算、乘方和开方运算,对数与指数运算、三角运算和反三角运算、求导数和求积分运算,都是数学中最基本的一对对互逆运算。它们交替出现,贯穿于整个中学教材之中,构成初等数学的重要组成部分。

在教学实践中,人们发现,与正运算相比,学生对逆运算的学习常常感到困难,这是因为运算的逆转,需要重建思维过程的方向,这对一般转换能力薄弱的学生来说是较为困难的。其次,在逆向思考的过程中,已经掌握的正运算的有关知识和思维方式也不时地产生干扰和抑制作用。因此,在逆运算的教学中,必须借助于正运算已形成的思维联结,帮助学生建立逆运算的反向思维联结。然后,再通过正逆运算的对比和转化来排除干扰,加深理解。

（三）公式、法则的正反向使用

中学数学的许多内容的深化与发展,都是数学公式、法则反向运用的结果。例如,乘法公式的逆向运用,其功能发生改变,成为因式分解公式;把表示算术根性质的公式反向,便得到根式乘除运算的依据。学生在学过公式的正向运用并形成固定模式以后,对学习公式的逆向运用,在已形成习惯思维的情况下突然转变思维的方向感到有困难。转换能力差的学生,甚至会对颠来倒去的运用公式感到困惑不解,这在学习因式分解时会表现得特别明显,对于这部分内容的教学,可以运用类比和对比的方法,使学生明了逆向运用公式的目的和意义,在目标明确的情况下摆脱习惯思维的束缚,展开逆向思维。

公式、法则的逆向运用不仅可以成为一些代数运算、恒等变形的依据,而且可使一些问题的解决标新立异,令人耳目一新。在教学中,教师可以有目的地编排这种类型的习题对学生进行"变正向思维为逆向思维"的训练,使学生发现逆向思维在解决某些题中的优势,从而能从正向思维的定式的影响中解脱出来,这对培养学生的可逆思维是大有裨益的。

在解题时进行正向和逆向应用的对比,是使学生习惯于正反两方面运用公式的有效方法。

二、培养思维的变通性

思维变通性是指思维的灵活转换和迅速重组。为了在数学教学中培养学生思维的变通性,发展转换能力,教师在问题教学中应该注意以下几点:

(一)克服思维定式的消极影响,是培养思维变通性的首要前提

人们最初接受的知识、方法以及随之产生的思维模式,往往在大脑皮层神经网络中形成牢固的联系,这种联系无疑会对运用已有知识和经验去解决新问题有积极的作用。但是,如果这种联系得到过度强化,必然会使人们习惯于用固有的模式和思路去考虑、探索,解决问题,久而久之,就会形成僵化的思维。在数学学习中,由于数学知识学习的连贯性和阶段性,旧知识和技能的掌握在头脑中留下的痕迹,会对新知识的学习产生干扰作用。学生在掌握了一个概念、法则、公式,熟悉了它的一般功能以后,由于思维狭窄、呆板,无法掌握和运用它在问题的条件变化以后的变通功能。面对形式多变的数学问题,学生更易呈现思维的呆板性。例如,由于分配律的影响,容易产生错误。这说明,在数学学习中,思维定式对知识学习和问题解决所产生的消极影响是普遍存在的,这对培养思维的变通性大为不利,必须采取有效的教学措施加以克服。

要克服思维定式的影响,关键在于切实抓好基础的教学,对于基本概念要从正反两方面揭示它的内涵和外延,并讲清它与相近概念的联系与区别,以免学生产生认识上的混淆。对于数学公式、法则,除了说明它的正逆向使用的功能和方法外,还需通过实例说明在条件变化下的各种变通功能,使学生在掌握公式、法则的精神实质的基础上能够举一反三,灵活运用。

(二)进行广泛联想的训练,是培养思维变通性的有效方法

在学生牢固掌握基础知识的基础上,启发和诱导学生从某一点出发,运用全部信息进行广泛联想,产生为数众多的形式各异的信息输出,是训练学生发散性思维,培养思维转换能力的有效途径。

在教学中,教师可以针对教学内容,精心编制各种形式的习题,在适

当时刻对学生进行多方向的发散联想的训练,使学生逐渐形成从不同角度去分析提取信息,不循常规地探求答案的思维方式。

除了进行发散联想外,教师还可以根据数学问题中条件与结论的不断变化和发展,因势利导地促使学生运用数学知识去推理、去猜想、去证明、去反驳,在问题的变化中进行"纵向联想",培养思维的变通性。通过问题的条件结论的变化进行纵向联想,在教学上被称为"一题多变"。然而,对一个问题进行多方面的分析和解决,促使知识的"横向联想",这种教学手段通常称为"一题多解"。实践证明,在问题解决中有意识地引导学生寻求多种解法,有利于训练和强化思维变通性。不过应该注意,寻找多种解法并不是唯一的目的。从思维训练角度而言,通过多种解法的思索过程,训练学生摆脱前面发现的解题方法对继续探索新方法的束缚和干扰,迅速地从一种运算转变为另一种运算的转换能力,是一题多解的又一教学目的。

三、培养思维的批判性

思维批判性的主要特征在于善于分析、评价问题解决的过程和思路是否合理、清晰,所得结果是否简洁、优美,以及善于找出和论证别人或自己的错误,找出之所以产生错误的原因,给出正确的答案。

培养思维的批判性是发展学生思维转换能力的一个重要方面。学生在解决问题以后进行分析、评价、辨误、纠错等思维活动时,思维处于高度紧张状态,需要动用所学过的全部知识和方法,从各个方面去思考、去探究。所以,在思维转换能力培养过程中不能忽视思维批判性的训练。然而遗憾的是,在传统教学中,许多学生习惯于和满足于对教师或课本提出的问题和习题寻找一个正确的答案,不善于对解题的思考过程和结论进行回顾和评估。这种无批判性的思维特点在目前中学生中还是相当普遍的。

为了培养思维的批判性,以下给出两点建议:一是教师将评价、批判的思维过程清晰地呈现给学生,使学生耳濡目染,逐渐形成评估的习惯,掌握评估的方法。在问题解决的教学过程中,教师除了将探求问题解决的途径和方法的思索过程不加修饰地呈现给学生外,还必须在问题解决之后,趁思维过程和感受在心目中的印象还清晰的时刻,不失时机地引导学生回顾整个解题过程,探索克服困难解决问题的关键,总结解题规律和方法。此时,教师可以设问许多有益的问题。例如,解此题的主要障碍是什么,如何找到解题的关键的,哪些解题技巧值得吸取,还有哪些解法,原题揭示了怎样的数学规律,还能不能进一步拓广和引申等。学生在老师的带领下,在解题之后经常进行此类问题的思考和探究,可以逐渐形成评估的习惯,培养批判性的思维品质。二是精心设计辨误教学课。学生通过辨误课,可在相邻概念的对比和区别中,准确地掌握概念,培养批判性思维。

(一)"不设问",给创新素养的培养营造一个高效的环境

"不设问"不是不问,而是将提问的主动权还给学生,让学生经历"解读条件→提炼数学知识→编制数学问题→建立模型→推理验证"的过程,包含问题的开放性和数学发现的开放性两个方面。

(二)在研究性学习活动中培养学生创新的素养

研究性学习是指学生在教师指导下,从学习生活和社会生活中选择和确定研究专题,主动地获取知识、应用知识、解决问题的活动。研究性学习是一种实践性较强的教育教学活动,不再局限于对学生进行纯粹的书本知识的传授,而是让学生参加实践活动,在实践中学会学习和获得各种能力。由于初中学生年龄较小,知识面狭窄,所做的研究只能是初步的、浅显的。数学活动在教材中有很多,但我们的教师并没有真正发挥数学活动的作用,而是流于形式。只要我们充分准备、积极探究,就可以提炼出数学活动中很多有趣的问题,和教学内容相互补充,会得到较好的效果。

(三)用类比法构建知识,实现学习上的创新

类比推理是根据两个或两类对象有部分属性相同,从而推出它们的其他属性也相同的推理,简称类推类比。它是以关于两个事物某些属性相同的判断为前提,推出两个事物的其他属性相同的结论的推理。类比是非常重要的一种数学提炼方法,由此及彼,如将三角形内切圆的性质类比到三角形旁切圆,将三角形海伦公式类比到圆内接四边形,将分数的性质和运算法则类比到分式的性质和运算法则等。

在数学教学中,要发展学生的个性、培养其创新能力,就得重视引导学生发现问题、提出问题,教师要学会正确地分析、对待学生的"奇谈怪论"和"异常举止",才能扶持他们的创新行为。

(四)教学生学会反思,实现学习的自觉创新

通过不断思考,打开创新思维大门,培养出色的创新能力。古人云:"授人以鱼,不如授之以渔。"老师只能给你一根拐杖,扶着你迈出第一步,但以后的路需要自己去走,教师应该给学生撑起一根什么样的拐杖对学生来说是至关重要的。要想使学生得到可持续发展,进而有一定的创新意识和创新能力,应培养他们不断思考问题、分析问题、研究问题、解决问题,在这些过程中创新问题是核心。但这个过程是一个渐进的、持续的、螺旋上升的,需要在教学过程中有条理、分步骤地推进。在教学中要引导学生学会思考、善于思考,只有进行思考,才可能进行创新,思考是创新的助推器。由于学生数学核心素养的差异性,会导致学生在"思"过程中采用不同的思维方式、探究方法,会出现不同层次的创新能力。

课例6-2 几道分式求值题的反思。

问题1 设互不相等的非零实数 a,b,c 满足 $a+\dfrac{3}{b}=b+\dfrac{3}{c}=c+\dfrac{3}{a}$,求 $\sqrt{\left(a+\dfrac{3}{b}\right)^2+\left(b+\dfrac{3}{c}\right)^2+\left(c+\dfrac{3}{a}\right)^2}$ 的值。

解:设 $a+\dfrac{3}{b}=b+\dfrac{3}{c}=c+\dfrac{3}{a}=k$,则 $abc+3c=bck$,$abc+3a=ack$,$abc+3b=abk$。

于是,$abc+3c=bck=k(ck-3)$,即 $abc+3k=c(k^2-3)$。

同理,有 $abc+3k=a(k^2-3)$,$abc+3k=b(k^2-3)$,于是 $k^2=3$。

故 $\sqrt{\left(a+\dfrac{3}{b}\right)^2+\left(b+\dfrac{3}{c}\right)^2+\left(c+\dfrac{3}{a}\right)^2}=\sqrt{3k^2}=3$。

通过引导学生反思,该题的结论能不能推广到一般情形,经过师生的双边活动,最后发现完全类似地可以得到本题的一般形式。设互不相等的非零实数 a,b,c 和正实数 m 满足 $a+\dfrac{m}{b}=b+\dfrac{m}{c}=c+\dfrac{m}{a}$,则

$\sqrt{\left(a+\dfrac{3}{b}\right)^2+\left(b+\dfrac{3}{c}\right)^2+\left(c+\dfrac{3}{a}\right)^2}=\sqrt{3}\,m$。

问题 2 已知 $\dfrac{1}{a}+\dfrac{1}{b+c+d}=\dfrac{1}{3}$，$\dfrac{1}{b}+\dfrac{1}{a+c+d}=\dfrac{1}{5}$，$\dfrac{1}{c}+\dfrac{1}{a+b+d}=\dfrac{1}{7}$，$\dfrac{1}{d}+\dfrac{1}{a+b+c}=\dfrac{1}{9}$，则 $\dfrac{3}{a}+\dfrac{5}{b}+\dfrac{7}{c}+\dfrac{9}{d}=$（　　）。

A．1　　B．2　　C．3　　D．4

解：令 $a+b+c+d=k$，则

$$\dfrac{1}{a}+\dfrac{1}{k-a}=\dfrac{1}{3}, \dfrac{1}{b}+\dfrac{1}{k-b}=\dfrac{1}{5}, \dfrac{1}{c}+\dfrac{1}{k-c}=\dfrac{1}{7}, \dfrac{1}{d}+\dfrac{1}{k-d}=\dfrac{1}{9}。$$

所以 $a(k-a)=3k, b(k-b)=5k, c(k-c)=7k, d(k-d)=9k$。

于是

$$\dfrac{3}{a}=\dfrac{k-a}{k}, \dfrac{5}{b}=\dfrac{k-b}{k}, \dfrac{7}{c}=\dfrac{k-c}{k}, \dfrac{9}{d}=\dfrac{k-d}{k}。$$

故

$$\dfrac{3}{a}+\dfrac{5}{b}+\dfrac{7}{c}+\dfrac{9}{d}=\dfrac{k-a}{k}+\dfrac{k-b}{k}+\dfrac{k-c}{k}+\dfrac{k-d}{k}$$

$$=\dfrac{4k-a-b-c-d}{k}$$

$$=\dfrac{4k-k}{k}$$

$$=3$$

故选 C。

在基础较好的学生的努力下，可推广为：已知 $\dfrac{1}{a}+\dfrac{1}{b+c+d}=\dfrac{1}{m}$，$\dfrac{1}{b}+\dfrac{1}{a+c+d}=\dfrac{1}{n}$，$\dfrac{1}{d}+\dfrac{1}{a+b+c}=\dfrac{1}{q}$，则 $\dfrac{m}{a}+\dfrac{n}{b}+\dfrac{p}{c}+\dfrac{q}{d}=3$。

问题 3 若 $\dfrac{a^2}{b+c-a}+\dfrac{b^2}{c+a-b}+\dfrac{c^2}{a+b-c}=0$，则 $\dfrac{a}{b+c-a}+\dfrac{b}{c+a-b}+\dfrac{c}{a+b-c}=$ _____。

解：令 $a+b+c=s$，则 $\dfrac{a^2}{s-2a}+\dfrac{b^2}{s-2b}+\dfrac{c^2}{s-2c}=0$，所以

$$\dfrac{4a^2-s^2+s^2}{s-2a}+\dfrac{4b^2-s^2+s^2}{s-2b}+\dfrac{4c^2-s^2+s^2}{s-2c}=0。$$

即 $-(2s+a+2s+b+2s+c)+s^2\left(\dfrac{1}{s-2a}+\dfrac{1}{s-2b}+\dfrac{1}{s-2c}\right)=0$，

$$-5s+s^2\left(\frac{1}{s-2a}+\frac{1}{s-2b}+\frac{1}{s-2c}\right)=0,$$

所以 $s=0$ 或 $\frac{1}{s-2a}+\frac{1}{s-2b}+\frac{1}{s-2c}=5$,又因为

$$A=\frac{a}{b+c-a}+\frac{b}{c+a-b}+\frac{c}{a+b-c}$$

$$=\frac{a}{s-2a}+\frac{b}{s-2b}+\frac{c}{s-2c}$$

$$=\frac{1}{2}\left(\frac{2a}{x-2a}+\frac{2b}{s-2b}+\frac{2c}{s-2c}\right)$$

$$=\frac{1}{2}\left[-3+s\left(\frac{1}{s-2a}+\frac{1}{s-2b}+\frac{1}{s-2c}\right)\right]$$

当 $s=0$ 时,$A=-\frac{3}{2}$;

当 $\frac{1}{s-2a}+\frac{1}{s-2b}+\frac{1}{s-2c}=5$ 时,$A=1$。

故 $\frac{a}{b+c-a}+\frac{b}{c+a-b}+\frac{c}{a+b-c}$ 的值为 $-\frac{3}{2}$ 或 1。

本题也可推广为:若 $\frac{a^2}{b+c-ka}+\frac{b^2}{c+a-kb}+\frac{c^2}{a+b-kc}=0$,则

$$\frac{a}{b+c-ka}+\frac{b}{c+a-kb}+\frac{c}{a+b-kc}=-\frac{3}{k+1} \text{ 或 } 1。$$

证明:令 $a+b+c=s$,则 $\frac{a^2}{b+c-ka}+\frac{b^2}{c+a-kb}+\frac{c^2}{a+b-kc}=0$,

所以

$$\frac{a^2}{s-(k+1)a}+\frac{b^2}{s-(k+1)b}+\frac{c^2}{s-(k+1)c}=0,$$

即

$$\frac{1}{(k+1)^2}\times\left[\frac{(k+1)^2a^2-s^2+s^2}{s-(k+1)a}+\frac{(k+1)^2b^2-s^2+s^2}{s-(k+1)b}+\frac{(k+1)^2c^2-s^2+s^2}{s-(k+1)c}\right]=0。$$

于是有

$$-[(k+1)+a+s+(k+1)b+s+(k+1)c+s]+$$

$$\left[\frac{s^2}{s-(k+1)a}+\frac{s^2}{s-(k+1)b}+\frac{s^2}{s-(k+1)c}\right]=0$$

因此 $\dfrac{s^2}{s-(k+1)a}+\dfrac{s^2}{s-(k+1)b}+\dfrac{s^2}{s-(k+1)c}-(k+4)s=0$

所以 $s=0$ 或 $\dfrac{s^2}{s-(k+1)a}+\dfrac{s^2}{s-(k+1)b}+\dfrac{s^2}{s-(k+1)c}=(k+4)$。

当 $s=0$ 时，$\dfrac{a}{b+c-ka}+\dfrac{b}{c+a-kb}+\dfrac{c}{a+b-kc}=\dfrac{a}{s-(k+1)a}+$

$\dfrac{b}{s-(k+1)b}+\dfrac{c}{s-(k+1)c}=-\dfrac{3}{k+1}$;

当 $\dfrac{s}{s-(k+1)a}+\dfrac{s}{s-(k+1)b}+\dfrac{s}{s-(k+1)c}=(k+4)$ 时，

$\dfrac{a}{b+c-ka}+\dfrac{b}{c+a-kb}+\dfrac{c}{a+b-kc}$

$=\dfrac{a}{s-(k+1)a}+\dfrac{b}{s-(k+1)b}+\dfrac{c}{s-(k+1)c}$

$=\dfrac{1}{k+1}\left[\dfrac{(k+1)a-s+s}{s-(k+1)a}+\dfrac{(k+1)b-s+s}{s-(k+1)b}+\dfrac{(k+1)c-s+s}{s-(k+1)c}\right]$

$=\dfrac{1}{k+1}\left[-3+\dfrac{s}{s-(k+1)a}+\dfrac{s}{s-(k+1)b}+\dfrac{s}{s-(k+1)c}\right]$

$=\dfrac{1}{k+1}(-3+k+4)$

$=1$

问题 4 若非零实数 a,b,c 满足 $(a+b+c)\left(\dfrac{1}{a}+\dfrac{1}{b}+\dfrac{1}{c}\right)=\dfrac{27}{2}$，求以下不等式的值。

$$(a+b+c)\left(\dfrac{1}{a+b-5c}+\dfrac{1}{b+c-5a}+\dfrac{1}{c+a-5b}\right)$$

解：设 $a+b+c=k$，已知变形为 $k\cdot\dfrac{ab+bc+ca}{abc}=\dfrac{27}{2}$，所以 $abc=\dfrac{2}{27}k(ab+bc+ca)$。

记 $F=(a+b+c)\left(\dfrac{1}{a+b-5c}+\dfrac{1}{b+c-5a}+\dfrac{1}{c+a-5b}\right)$，则

$F=k\left(\dfrac{1}{k-6c}+\dfrac{1}{k-6b}+\dfrac{1}{k-6a}\right)$

$\quad =k\dfrac{(k-6a)(k-6b)+(k-6b)(k-6c)+(k-6c)(k-6a)}{(k-6a)(k-6b)(k-6c)}$

$$=k\frac{3k^2-12k^2+36(ab+bc+ca)}{k^3-6k^2(a+b+c)+36k(ab+bc+ca)-216abc}$$

$$=k\frac{-9k^2+36(ab+bc+ca)}{-5k^2+36k(ab+bc+ca)-216 \cdot \frac{2k(ab+bc+ca)}{27}}$$

$$=k\frac{-9k^2+36(ab+bc+ca)}{-5k^2+20k(ab+bc+ca)}$$

$$=\frac{9}{5}$$

本题可推广为:若非零实数 a,b,c 满足 $(a+b+c)\left(\dfrac{1}{a}+\dfrac{1}{b}+\dfrac{1}{c}\right)=\dfrac{2p^2-3p}{p-2}(p\neq 1,2)$,则

$$(a+b+c)\left[\frac{1}{a+b-(p-1)c}+\frac{1}{b+c-(p-1)a}+\frac{1}{c+a-(p-1)b}\right]$$

$$=\frac{3-2p}{1-p}。$$

证明:设 $a+b+c=k$,已知变形为 $k \cdot \dfrac{ab+bc+ca}{abc}=\dfrac{2p^2-3p}{p-2}$,所以

$$abc=k(b+bc+ca) \cdot \frac{p-2}{2p^2-3p}$$

于是

$$(a+b+c)\left[\frac{1}{a+b-(p-1)c}+\frac{1}{b+c-(p-1)a}+\frac{1}{c+a-(p-1)b}\right]$$

$$=k \cdot \left(\frac{1}{k-pa}+\frac{1}{k-pb}+\frac{1}{k-pc}\right)$$

$$=k \cdot \frac{\sum(k-pa)(k-pb)}{(k-pa)(k-pb)(k-pc)}$$

$$=k \cdot \frac{3k^2-2k^2p+p^2\sum ab}{k^2-k^3p+kp^2\sum ab-p^3abc}$$

$$=k \cdot \frac{(3-2p)k^2+p^2\sum ab}{k^3-k^3p+kp^2\sum ab-p^3k\sum ab \cdot \frac{p-2}{2p^2-3p}}$$

$$= \frac{(3-2p)k^2 + p^2\sum ab}{(1-p)k^2 + p^2\sum ab \cdot \left(1 - \frac{p-2}{2p-3}\right)}$$

$$= \frac{(3-2p)\left(k^2 + \frac{p^2}{3-2p}\sum ab\right)}{(1-p)\left(k^2 + \frac{p^2}{3-2p}\sum ab\right)}$$

$$= \frac{3-2p}{1-p}$$

第五节　教师教学能力提升的有效路径

数学的抽象性、概括性,导致了数学符号的出现,用特定的符号表示数及其关系,表示空间概念和性质,并把具有确定意义的数学符号作为"形式"对象进行运算和论证。数学的这种形式化的特点,就要求在数学活动中具有对数学材料形式化知觉的能力、掌握题目的形式结构的能力和具有对数学符号进行运算和推理的能力。

数学知识是从一组尽可能少的概念和命题出发,运用逻辑推理作为工具而推得的一系列新命题所组成的知识体系,并且随着知识的深入,逻辑的严谨性要求越来越高。数学学科的这一特点,就要求在数学学习活动中必须具有逻辑推理的能力。

数学研究的主要内容是现实世界的数量关系和空间形式,而数学中数量之间的关系主要表现为某种运算关系。运算是反映数量关系的核心。因此,运算能力也是数学学习活动中不可缺少的能力。

数学问题解答的灵活性、简洁性是数学的又一特性。虽然许多数学问题的解答都具有算法性质,掌握一种算法便可解决一种类型的问题,但是,在数学学习中,并不是所有的问题都可以给出一定的解答模式。对一类没有固定模式的问题,需要某种善于突破习惯思维和方法的束缚,顺利地从一种心理运算转换为另一种心理运算的能力,这就要求在数学学习活动中具有思维转换的能力。

各种学习活动都是以观察为基础,以记忆为桥梁的,如果边学边忘,那就什么也学不会，也就不能获得知识和技能。这就要求在数学学习活动中具有识记特定的数学符号、抽象的数学原理和方法、形式化的数学关系结构的能力。

近年来，多媒体教学被广泛应用于我国的教学活动中。多媒体教学是一种十分重要的教学方法，是我国进行教学改革的一个重大变化，也是把教学与科技结合起来的一个重大变革。教学媒体能够储存、表达、传递和播放教学信息，能在教学过程中被教师选择控制和操作使用。多媒体信息技术的兴起，标志着教学第四次变革的开始。教学的四次变革分别为印刷媒体的产生、电声媒体的使用、试听媒体的发展及多媒体信息技术的发展。教师应用多媒体进行教学，可以让学生通过更加广泛的渠道获得更多的数学知识。

在初中数学教学的教学内容中，每个专题、每节课都有一定的学习目标，教师为了达到不同的教学目标常常会选择不同的媒体来进行教学。例如，特定的数学概念和形成一定的数学情感态度，属于不同的教学目标。如果只是对各种数学概念进行教学，教师可以采用板书的方法；如果想培养初中生对数学的积极情感，教师可以借助现代的教学媒体，创设一个具体的教学情境，让学生在这个具体的数学情境中学习数学知识，使初中生获得更多的数学情感。

教师在教学中可以充分发挥现代化教学媒体的优势，通过音像引起学生的情感共鸣，让学生对这些数学知识感到震撼，从而加深初中生对数学知识的巩固与理解。现代化教学媒体可以帮助学生对数学知识进行感性的认识，让学生在学习数学知识的同时还能够思考这些知识的内涵与外延，从而实现新课程规定的三维目标。

在初中数学课堂教学中，不管是初中不同班级的学生还是同一班级的学生，他们的年龄、兴趣、爱好、学习能力、学习经验、学习态度及班级规模等都存在着差异，这些差异对于教师选择不同的教学媒体是有影响的。例如，教师在面对阅读能力比较低的学生时，最好使用非印刷的媒体来进行教学；如果学生的智力水平与知识水平都比较高的话，那么教师可以先让学生进行自主学习，再在他们的学习过程中提供学习材料或相应的指导；如果初中生对抽象的数学知识没兴趣的话，那么教师可以在课堂上播放电影、纪录片等激发学生的兴趣，然后再引出教学内容，让学生更容易地理解这些抽象的数学知识。

多媒体教学具体做法如下：

第一步，继续发挥传统教具的作用，如把一些常见的数学数据与公式制作成卡片，在课堂上呈现给同学，也可以让学生自己进行制作。这种卡片使用起来非常方便，学生在任何场合、任何时间都可以使用，携带起来也很方便，并且在利用卡片进行学习时，不受地点、时间的限制，对学生记忆相关的知识点也有很大的帮助。这种教学方式是其他学习方式无法取代的。

第二步，教师可以充分利用各种实验器材。教师在初中教学实践中可以发现，数学并不像物理和化学那样需要很多实验器材，学校对引进数学的实验器材方面关注较少，但是教师依然可以将有限的实验器材应用到实际教学中去，以便学生对数学知识进行探索与研究，发展他们的创造性思维。

第三步，在课堂上，要恰当地利用多媒体投影仪，这样可以帮助学生由感性认识过渡到理性认识。还可以把一些数学公式的变化或者是一些需要学生进行想象的知识点通过投影来进行展示，这可以帮助学生进行理性分析，实现认知上的飞跃。这种教学效果非常好，因为投影上的字幕可以节省教师板书的时间，让学生在有限的课堂时间内学到更多的知识。

第四步，可以将一些优秀教师的教学录像用投影仪进行播放。学校的多媒体一般包括声像辅助系统，教师可以在教室中播放一些优秀教师对一些重点内容讲解的教学录像，通过这些录像总结教学的要点，与学生共同学习和成长。

第五步，教师可以自行设计或者通过电脑专职编程人员的帮助，制作一些电脑动画来辅助教学。教师可以对一些比较容易出错但比较重点的内容进行设计，帮助学生掌握这些重点与难点的知识。

第七章　初中数学校本课程开发

对于校本课程开发,我们需要把握几个关键点:第一,校本课程开发要以国家课程为指导,在国家课程的基础上,进行一定程度的补充,幅度和范围要把握得当;第二,校本课程开发要以学校为主体,要根据学校自身的条件和特点进行开发,如考虑学校的地域特色、育人目标等;第三,校本课程开发是一个持续的动态过程,在开发的过程中,要有学校顶层的设计,要有完整的教学目标、教学计划、教学模式等设计,从而使校本课程的效果达到最优化。本章主要对数学校本开发的特点、意义,管理与实施,评估等内容进行介绍。

第一节　数学校本课程开发概述

一、校本课程是什么

校本课程是指在国家三级课程结构框架下,由学校自行开发、建设的课程。2001年,《国务院关于基础教育改革与发展的决定》中提出,"在保证实施国家课程的基础上,鼓励地方开发适应本地区的地方课程,学校可开发或选用适合本校特点的课程"。同年,教育部发布的《基础教育课程改革纲要(试行)》中进一步指出,"学校在执行国家课程和地方课程的同时,应视当地社会、经济发展的具体情况,结合本校的传统和优势、学生的兴趣和需要,开发或选用适合本校的课程"。这些重要的文件为构建面向21世纪的基础教育新课程体系奠定了基础,也赋予了校本课程正式的地位。

(一)三级课程体系中的校本课程

我国基础教育阶段的课程管理经历了由相对集中的中央统一管理,到中央、地方二级管理,再到2001年基础教育课程改革中形成国家、地方、学校三级管理的历程。目前我国基础教育学校课程管理实行的是三级课程管理机制。在三级课程管理机制中,国家、地方、学校各有明确的职责分工。国家负责制定中小学课程发展总体规划,确定国家课程门类和课时,制定国家课程标准,宏观指导中小学课程实施。国家课程方案,如《义务教育课程设置实验方案》《普通高中课程方案(2017年版2020年修订)》提供了各学段应开设的课程及课时建议,其中除地方课程和校本课程外,都属国家课程。国家课程在基础教育课程结构中起着主导作用,反映国家和社会对基础教育阶段学生发展核心素养的基本要求,满足中小学生社会化过程中的主要发展需求。基础教育阶段国家课程中没有"核心"与"非核心"之说,国家设置的每门课程都是学生成长必不可少的重要课程,地方和学校应不折不扣地执行和落实。

地方的职责首先是竭尽全力确保国家课程的有效实施,在此基础上,可突出地方的民族传统文化、风情民俗、历史、地理等特征,开发适应本地区的地方课程,满足乡土教育的需求与地方实际。国家倡导并鼓励地方教育行政部门提供高质量、多样化、可选择的地方课程供学校选用。

学校层面,除了执行、落实好国家、地方的相关课程要求外,还需开发符合自身特点与需要、体现学校办学理念和特色、满足学生的个性和多样性发展需求的校本课程,同时统筹劳动教育课程、综合实践活动课程以及其他各种专题教育内容,综合实施学校课程。

三级课程管理机制的确立,显示了国家对学校办学自主权的进一步下放,体现了基础教育课程改革中推进民主、开放、互动、合作的课程新文化的特征。在三级课程管理机制中,校本课程是国家课程和地方课程的有效补充,担着学校育人不可或缺的重要职责。

(二)校本课程的相关要求

2001年教育部颁布的《义务教育课程设置实验方案》中明确规定了校本课程的课时。《方案》中明确规定:"地方与学校课程的课时和综合实践活动的课时共占总课时的16%~20%。"从目前的相关文件中,我们至少可以明确以下几点：

第一，学校应在执行、落实好国家课程和地方课程外，开发建设校本课程。

第二，开发建设校本课程的主要依据为"本校的传统和优势、学生的兴趣和需要"。校本课程既不是国家或地方某门课程的简单延伸，也不是购买某本现成的教材简单变身为学校的"校本课程"，更不是"别的学校做什么我们也做什么"的随意的课程。

第三，校本课程是有一定课时的，并非需要占用学校现有的其他课程的课时。在国家课程方案中已为学校统筹实施综合实践活动、校本课程、地方课程等留出了16%~20%的课时，其中涵盖了校本课程的课时。如果某校现实中完全没有自主使用的灵活课时，可以检查一下是不是地方或学校有擅自增加国家课程课时的现象，或地方课程课时过多、挤占了校本课程应有的空间等。最常见的情况是随意增减国家课程的课时，如某校认为数学很重要，数学教师呼吁课时不够，于是学校每周增加了一节数学课。显然，每周增加的这节数学课的课时只能是从这16%~20%中来的，于是，本该有的校本课程的课时就没有了。

第四，校本课程可以与学校综合实践活动课程、地方课程统筹、打通实施。既然在国家课程方案中课时总数是统筹安排的，在实际实施中，学校完全可以创造性地进行综合、统筹实施。比如，将国家要求的劳动教育内容、安全教育内容、环境教育内容、传统文化教育内容等融入校本课程中，或与综合实践活动课程整合实施，也可以与班团队、少先队、主题队等活动一起开展。

第五，校本课程着眼于学生个性化和多样化发展的需要，因此，国家鼓励学校因地制宜，努力开发多样的校本课程供学生选择。在某种程度上，义务教育阶段的选课走班，是体现在校本课程的自主选课走班上的，而非如普通高中课程的全面走班，因为义务教育阶段需要保证必要的共同基础，国家课程、共同基础是绝对主体。

(三)校本课程对学校的意义

1. 体现学校办学思路

课程作为国家意志的体现，是教育工作的核心，是学校教育教学活动的依据,以及学生成长成才的保障。对国家而言,国家课程体系反映并决定了这个国家希望培养什么样的一代人和怎样去培养一代人的思路。对一所学校来说,课程应是学校的一张育人蓝图,校长的教育理想、办学理念、育人目标、实施路径都反映并体现在学校课程中。而学校课程中很重要的一部分体现在校本课程的设计与实施中。

2. 展示学校课程建设能力

开发建设校本课程,给学校带来了新的要求和挑战。尤其是长期以来,我们的校长、教师已经习惯于按部就班、简单执行国家、地方的课程计划,满足于"完成教学任务"。校本课程的出现使地方和学校的课程角色发生了转变,即由原来单纯的课程执行者转为课程的开发、参与、建设者,三级课程管理机制为学校打开了自主设置课程的窗口,实现了学校的部分课程自主权。为学校的建设发展提供了空间,注入了活力,有助于最大限度地调动各方力量实现资源共享,构建多维、立体、和谐的教育环境。

3. 有助于学校形成特色与品牌

当前,国家倡导多样化办学与特色化办学。学校的多样化、特色化从某种程度上说就是学校课程的多样化与特色化,校本课程在其中承担重要的角色。由于校本课程因校制宜,突出学校的传统与优势,针对本校生源、师资、社会资源等情况,满足学生的实际发展需要,因此,校本课程最能体现学校的特色,而且一定是一校一案、一校一品。校本课程经过长期的锤炼和打造,成为精品课程,自然也就成为学校的特色和品牌。成为特色与品牌的课程一定是具有生命力的,其代代相传,与学校文化融为一体,最终成为传统与经典。

二、校本课程的特点

校本课程以更好地辅助国家课程、地方课程,满足学生性向发展需求为目标。基于学生发展核心素养,把促进学生的主体发展置于中心地位,注重学生潜能的开发、学习兴趣的调动和情感体验与综合素养的提升。相对于国家课程的基础性、稳定性、强制性等来说,校本课程具有自主性、多样性、选择性、实践性、综合性与灵活性等特点。

首先,校本课程以学校和教师为开发主体,没有国家课程标准和教材,内容选取、教学方式与评价均由学校自主确定,因此,较国家课程和地方课程,具有突出的自主性的特点。课程着眼于学生个性化、多样化发展需要,必须是丰富而多样的,百花齐放的校本课程是地方课程建设能力的有力表现。

其次,作为国家课程和地方课程的有效补充,校本课程突出学生创新精神和实践能力的培养;强调让学生在活动中学,在合作交流中表达、思考、提升;注重直接体验和经验积累;注重培养学生综合运用学科知识、技能去发现问题、解决问题的能力。因此,校本课程具有很强的实践性与综合性。

最后,为确保校本课程满足学生的多样化需求,学校应尽可能提供多样的课程供学生选择。学校要及时根据学生的反馈信息及社会热点、焦点问题调整、更新课程内容。在组织形式、学习方式、时间、地点上都可进行灵活机动安排,以确保课程实施的有效性。因此,灵活性与选择性也是其一大特点。

三、数学校本课程开发的意义

(一)促进学生的个性发展

校本课程的开发强调学生的主体性,要求课程内容与教学方式更符合学生的主体要求,要满足不同学生的发展需要,要着眼于学生的全面发展与个性发展相结合。在发展数学校本教学时,应注重对学生自身的人生体验、丰富的学习体验,并应在不同的课程需求下,采用不同的测验与评估方式,对高水平的学生进行专门的教学,对水平较弱的学生进行指导,并通过多种形式的课外活动,充分利用他们的个人特点。要保持学生对于数学思考的独立性,引导学生进行养成思考的习惯和思考的方向,但要做到这一点,必须由学习者自己来进行。同时,学校的发展也要充分发挥学生的创造力,使他们能够积极地参加学校的教学活动,学习哪些内容,怎样做,这些都是由学生们自己决定。我国的初中数学教学存在着很多力不从心的地方,而这正是我国目前的教育教学体系中存的不足之处。因此,在实施校本课程时,应根据学校自身的特点,结合地方的地理、人文背景,根据学生的需要与发展,在不同的条件下,根据他们的发展情况,制定出相应的数学发展方案。

(二)促进教师的专业发展

老师们一般都是从毕业那天开始,就一直站在数学讲台的位置上。所以,许多老师认为,这门课是他们自己教的。以传授知识内容、解题、考试得高分为目标,学生们的学习压力越来越大,老师也就成为了一名"教书匠"。学校的发展是一个重新认识自己、认识数学学科的新起点。通过对学生进行校本教学,使学生了解自身教学内容与学校教学的总体发展方向及发展方向之间的联系,从而形成一个整体的课程观。从教学目的、教学意义、教学内容的选择、教学安排、教学设计、教学评价等方面,都需要开发人员既要重视数学的内容和教学内容,又要兼顾其他学科的内容和教学,做到对教什么、怎么教、为什么教都有全面系统的考虑。所以,我们的开发人员必须继续加强对数学系的专业基础理论和教学方法的学习,特别是对课程和课程开发的研究。教师自身要先对各种数学文化背景熟知,选择什么内容更能激发学生的兴趣,选择什么内容才能满足学生的心理需求;编制"数学建模"主题的课程,教师要先自己去钻研数学建模知识,从问题的选取到模型的建立,都是对教师自身的专业意识、专业知识、专业能力的再次培养和提升。更重要的是,校本的数学课程,并不是一个人的努力,而是整个团队的配合。学科的教师聚集在一起进行集体研究与集体创作,思想的交流更能激发出新的思想,有助于教师团队的建设。数学校本课程开发要求数学教师研究自己的学生有什么样的特殊的学习需要,他们之间存在着什么样的差别,又有着哪些共性问题等等。要求数学教师研究哪些教材内容是合适的,哪些又不合适;哪些需要改进或删除,哪些需要补充和调整;又哪些可以和别的学科进行整合,数学教师们的研究意识和能力在校本课程的开发过程中大大增强。

教师职业是一个终身学习的职业,需要不断探索来拓展其专业内涵。因此,教师专业发展需要学校创设条件(比如课程开发、课程改革),引领教师在实践中学习,在学习中成长。自我实践—自我感悟—自我提升,这一成长过程可能很艰辛,但只要坚持就有突破,从而实现自我超越。

(三)促进教师教学方式的转变

(1)树立新的教学观。新课程实施后,课堂上不再是教师讲,学生听,而是在课堂上提出学生生活中的问题,让学生用自己的观点去解决。课堂上的争论异常激烈,"一言堂"变成师生交往、积极互动、共同发展的舞台。

(2)建立新型的师生关系。新课程以"一切为了每一位学生的发展"为最高宗旨和核心理念,构建新的课堂教学方式必须建立一种以师生深入交流为基础的新型师生情感关系。

第二节 校本课程的建设

校本课程的建设要以贯彻落实党和国家的教育方针,践行社会主义核心价值观,促进学生核心素养的发展为宗旨。校本课程建设主要包括校本课程规划、校本课程开发、校本课程管理与实施、校本课程评估等方面。

一、校本课程规划

做好整体的校本课程规划,指厘清校本课程与学校整体课程的关系,同时,对学校整体课程进行系统、全面的规划设计。学校应成立有校领导参与的课程团队,研制《学校课程方案》,对全校整体课程进行规划设计,包括全校本课程的基本架构,明确学校校本课程开发的总体思路。

校本课程规划方案首先应包括学校开设校本课程的依据与目的,明确校本课程与学校办学理念、育人目标的关系,以及基于校情、学情调研把握的学生需求和社区、教师资源情况等。其次应清晰描述校本课程建设总目标,以及校本课程的结构和门类。其中,需阐释清楚每门校本课程与国家课程、地方课程及其他校本课程间的关系,校本课程在学校整体课程框架中的地位、作用等,还需对课程管理与实施和课程评估等提出明确要求。具体到每一门校本课程,都需撰写《课程纲要》。《课程纲要》中明确该课程的目标、内容、学习方式建议、学业基础要求以及相关的管理与评价要求等,使任何一位教师看到《课程纲要》就能明白课程的基本意图与实施方式,避免校本课程"因人设课"的现象。

二、校本课程开发

校本课程开发既指学校校本课程的系统开发,也指某门校本课程的开发,是学校(教师)根据学生的兴趣与需求,结合学校办学理念、育人目标,根据学校(教师)自身的特长优势以及可利用的课程资源,进行课程设计、编制、实施和评价的过程。

(一)校本课程的开发原则

1. 自主性原则

校本课程是充分体现学校、教师、学生三者主体意识的课程。学校(教师)应充分利用自身的优势和资源,自主开发、自主设计、自主组织实施;教师既是校本课程的实施者,又是校本课程的开发者与设计者;校本课程实施中需充分体现"以学生为本"的原则,广泛关注和激发学生的主体意识,尊重学生的自主权利,让每个学生都有更多的机会去实践、体验、创造和选择,使他们的自主性与个性得到充分的发展。

2. 整体性原则

重视所开发的校本课程与国家课程、地方课程以及本校校本课程间的纵向和横向联系,加强课程的相互配合和整体效应,促进学生核心素养的养成。既要重视发挥校本课程拓展学生的知识和能力的作用,又要避免其与国家课程、地方课程的交叉、重复,保证课时比例和内容设置上的均衡。在课程内容和教学方式上真正起到对国家课程和地方课程的补充作用。

3. 实践性原则

校本课程的开发应着眼于学生自主、创新、实践能力的培养,着眼于学生综合素质的提升。作为国家课程、地方课程的补充,应更多地关注实践性、体验性、综合性课程的开发与建设,以综合育人目标和综合素养为导向,采用综合多样、富有实践创新的教学手段。

4. 开放性原则

一是课程内容的开放,不限于相关学科的拓展内容,还可包括综合实践活动和环境课程等领域。二是活动范围的开放,不限于学校、教室,而应将课堂延伸到学校以外的家庭、社区、社会生活场所以及大自然等,为学生的发展开辟广阔空间。三是活动方式的开放。学生的活动方式更多地体现在自主选择、合作交流、自主探究、自主实践,教师的活动方式更多地表现为创设情境、参与合作、指导帮助。

5. 多样性原则

开发校本课程的目的在于充分挖掘和利用当地和学校的教育资源,以满足学生个性发展,形成学校特色。因此,校本课程在内容上、教学方式上都应更加灵活多样。同时,在种类上也更提倡多样性。越是多样的课程,学生的选择空间就越大,越有利于满足学生多样化的需求,促进学生个性发展。

(二)校本课程的开发依据

在具体的开发中,需要以学校办学理念、育人目标为依据,以中国学生发展核心素养框架体系为参照,充分考虑时代特征、社会对人才培养的需求,充分考虑学校定位、当下学校教育的实际需要以及学生个性、多样化发展的需要,遵循学生的特点与发展规律等。其中特别需要注意如下三点:

(1)站在育人的视角规划课程。习近平强调,培养什么样的人,是教育的首要问题。因此,学校课程规划应该从培养什么样的人出发。换句话说,想培养什么样的人,就设计相应的课程,进而搭建相应的学校课程架构。

(2)站在学生的视角设计课程。课程建设一定不能没有学生的立场和视角。课程设计者需要站在学生的天性、本性和需要上去思考课程建设,寻找课程与学生兴趣、需要的最大结合点。脱离了学生视角的课程是缺乏生命力的,也不会成为有效的课程。

(3)必须关注学段特征。不同的学段,校本课程的定位、承担的职责不同,校本课程的建设不能忽略学段特征,如当前很多学校盲目照搬普通高中的选课走班制度就是典型的忽略学段定位的表现。

义务教育阶段,强调的是共同基础,因此小学和初中不能像高中那样全面选课走班。同时小学和初中学生对社会和自然等的认识还很肤浅,因此,这个阶段需要的是大量体验、激发兴趣,以及逐步尝试探索,发现自己的长处和爱好、兴趣、潜能等。

到了高中阶段,因为已经有了九年义务教育的大基础,学生有了一定的体验与经历,这时可以充分地鼓励学生进行个性化选择,扬长避短,进而各得其所。因此,要针对学段特征设置课程,从而为学生不同阶段的发展需要服务。

(三)校本课程的开发途径

校本课程的开发以学校自身为主体,可以有活动改编、课程借鉴、课程整合和课程创编等途径。

学校可以根据自身能力和学校、学生发展需要,紧扣学校办学目标或文化传统,创编突出本校特色的课程;还可以按照某个重要的主题,关联相关学科知识进行课程统整,形成一门新的综合课程;也可以借鉴他校较成熟的校本课程开发经验,结合本校学生的实际情况和教师、学校的现实条件,对课程进行改造,使之成为满足本校需求与符合本校实际的校本课程;此外,还可以在本校现有的课外活动、兴趣小组、社团的基础上,通过进一步整合、优化与提升,使之成为符合规范的校本课程。

在这个过程中,学校既可以基于自身的师资力量独立研发,也可以与高校科研院所合作,邀请相关专家参与,与学校教师组建校本课程开发队伍,开发校本课程;还可采取与社区合作的方式,利用社区的优势、场地等资源,开发校本课程。在当今互联网已基本普及的形势下,如果个别学校开发能力实在有限,也可以利用或选择部分网络课程,鼓励学生选修。

三、校本课程管理与实施

(一)必须重视校本课程管理

不少学校认为校本课程是学校自己的事,不重视国家对校本课程的相关管理要求,甚至为所欲为、放任自流。在国家课程管理制度上,省、县两级对校本课程建设都负有责任。省级教育部门的责任重在指导,县级教育部门的责任重在监管。2019年发布的《中共中央国务院关于深化教育教学改革全面提高义务教育质量的意见》中明确指出:"国家建立义务教育课程方案、课程标准修订和实施监测机制,完善教材管理办法。省级教育部门制定地方课程和校本课程开发与实施指南,并建立审议评估和质量监测制度。县级教育部门要加强校本课程监管。"在国家层面,建有课程教材监测机制。2016年,教育部办公厅发布《关于开展中小学课程实施监测工作的通知》,决定开展中小学课程实施监测工作,第一项监测的就是学校课程开设情况。通知明确,除了监测各级各类学校是否开足开齐国家课程外,还要监测地方课程及校本课程的开设情况,并强调,重点是课程设置情况及其实效性等。在《中共中央国务院关于深化教育教学改革全面提高义务教育质量的意见》和教育部《中小学教材管理办法》中,都再三重申严禁用地方课程、校本课程取代国家课程,严禁使用未经审定的教材。义务教育学校不得引进境外课程、使用境外教材等,这给校本教材的编写、引进及使用等画出了红线。

(二)建立学校课程管理制度

学校要建立日常的课程管理制度,建立学校课程领导小组或课程研究、管理教研组,要有校级领导亲自抓。制定学校校本课程开发、审批、管理、评估等相关制度,从制度上保证校本课程建设有序地推进。

要将校本课程纳入学校教学课表,纳入日常教学常规管理中,实行常态化、责任化管理。同时明确课程的负责人,对教师、学生出勤及课堂表现等明确具体的管理要求。

四、校本课程评估

(一)对课程的评价

对课程的评价主要指从课程设置的专业角度对课程的规范性、科学性、合理性等进行评估,如从课程目标与学校办学理念、育人目标的关系角度审视课程的必要性;从课程设置前的调研与校情、学情分析角度审视课程开发的规范性;从课程内容与教学方式的设计及对应上审视课程的科学性;从课程与学校整体课程、课程与其他校本课程之间的关系上审视课程设置的合理性;从课程纲要的编写以及课程发展潜力等方面进行综合评估、诊断,促进课程不断完善和发展。当然,对课程的评价也不能离开教师和学生。因为再规范的课程,如果学生不喜欢、教师不认同,就不能称为"好课程"。因此,要建立专业人士参与,或学校课程中心人员主导的,校长、教师、学生、家长代表共同参与的评价制度,使课程逐步走向规范化、科学化以及可持续发展的道路。

(二)对教师的评价

可以通过听课、查阅资料、学生访谈、问卷调查等形式,定期对校内各门校本课程的教学质量进行评议,逐步提高课程质量。此环节建议更多地关注学生的感受。学校可通过教师自评、同行评议、学生及家长的评价等,定期对教师进行考核,并将考核成绩记入教师个人档案、纳入年度绩效评价指标。

(三)对学生的评价

建立以自评为主、同学互评与教师、家长共同评价的综合评价制度,将过程与结果、定性与定量评价相结合。重点关注学生在学习过程中的表现,如情感态度价值观提升、积极性、参与状况、合作意识等。学生学习的成果,可通过实践操作、作品、竞赛、汇报演出等多种形式展示,以此培养学生的成就感,促进其不断进步。可将学生的学习成果与学生成长记录袋、综合素质评价相结合。对学生的评价,建议采用描述性文字,宜粗不宜细。

五、数学校本课程开发的建议

校本课程的开发是一个系统而复杂的工程。校本课程开发的目标是改变学生学习数学的态度。要在我们的数学校本课程中体现初中数学学科的学科特点，要满足学生对于数学学习的学习需求，还要保持与学校相同的教育理念，体现学校特色。结合目前数学校本课程的情形，提出几点对今后数学校本课程开发的建议。

(1)校本课程在开发前需要制定详细的课程开发方案，要明确开发方式和开发过程。校本课程开发是对国家课程进行加工、再创造，所以要充分结合国家课程的内容和要求，考虑本校的地理特色、文化特色、办学特色等资源，以发展学生的个性特长和数学能力为特点。在方案中还要给出详细的课程内容纲要、课时安排和评价形式等，一定要具有可实施性。

(2)对于课程内容的选择要慎重并有依据。一般课程内容的选择分为选用、改编、新编。校本课程开发时的选用内容要合适，选用的材料要符合逻辑性和数学原理，对学习数学知识、形成数学思维有帮助，可以是课本上的选用内容，也可以是课外读本或者一些数学网站提供的视频或文本；而改编课程大多是对正式课程的辅助教学需求产生的，改编时要根据教学目标和本校学生的学情做调整和改编，而本校进行的数学校本课程的内容就多以改编为主，编写的课程是对国家课程的再加工、再创造，通过教材内容的整合，结合相关专题书籍和大量的网络资源进行改编；新编课程对开发教师的能力有更高的要求，对学生的知识水平也有要求，相对比较难一些，这就是对数学思维培养和数学建模能力的训练，不一定跟我们的教材知识多么密切相关，但是能帮助学生形成良好的数学思维习惯和解决问题的数学思想方法。针对不同年级也可以制定不同的课程内容，比如七年级可以是数学思维习惯的养成、数学基础能力的培养和数学兴趣的养成；八年级可以是知识模块的训练和数学文化的灌输；九年级因为面临中招考试的压力，可以是数学思维的锻炼、解题思路的训练和一切缓解压力舒缓情绪的课程。总之，数学校本课程的内容要考虑到学生的长期发展，也要考虑到学生的当前需求。

(3)校本课程的课堂教学要以学生为中心，以学生的需求为契机，在教学时一定要区别于平时授课的"教师讲、学生听",然后"练一练",发现"错一片"的情形,传统的教学是以学科知识为中心,教师去设计教案、组织教学,学生只是在被动的听和接受,这样学生只是学会了模仿老师,没有创造、没有想象。而校本课程的授课就要改变这种现象,形式要灵活,不同的校本内容选择不同的授课形式,但不论什么样的形式都要体现学生的主体地位,要让学生更多地参与到整个教学环节中,可以是课前对相关资料的调查和整理,可以是课堂上的表演家或者小老师,可以是数学实验的实验对象或者小小操作者,要让每一位学生在这节数学校本课中找到自己的作用,成为课程的主人,去讲授和传播数学知识而不是被动地接受数学知识。

(4)数学校本课程是额外的数学课程,所以要处理好人员的分配和时间的安排。目前很多学校的数学校本课程只是由课题组的几位老师共同承担,但是数学老师的教学任务还是相对较重的,还有很多科组任务,如果是班主任那就更忙了,所以要合理安排老师之间的工作。选材、备课、上课都要进行合理的安排。在授课时间上也要根据学校的授课安排或者科组内进行集中时间授课,每学期根据制定好校本课程方案来进行授课。

参考文献

[1]张艳侠.初中数学有效教学实践研究[M].沈阳:辽宁大学出版社,2017.

[2]张荣良,王如东.初中数学教学的思考与研究[M].天津:天津科学技术出版社,2017.

[3]李文革.初中数学教学的理论与实践[M].开封:河南大学出版社,2020.

[4]姚敬东.学生发展核心素养视域下的课堂教学指南 初中数学[M].长春:东北师范大学出版社,2017.

[5]成艳玲.核心素养视域下初中数学课堂教学策略探寻[M].长春:吉林人民出版社,2021.

[6]周月玲,曾彩香,陈雪霞.初中数学翻转课堂教学模式研究[M].长春:吉林人民出版社,2020.

[7]刘志华.有效教学模式的实践:初中数学课堂的实证研究[M].天津:天津社会科学院出版社,2021.

[8]李向东.初中数学教学的新模式及其实践[M].长沙:中南大学出版社,2020.

[9]孙美玲.新课程改革背景下初中数学教学模式创新研究[M].长春:东北师范大学出版社,2017.

[10]孙桂瑾.初中数学教学设计与方法[M].汕头:汕头大学出版社,2018.

[11]张明纪.初中数学教学设计与教学方法研究[M].青岛:中国海洋大学出版社,2018.

[12]张宗龙.初中数学教学与管理研究[M].北京/西安:世界图书出版公司,2017.

[13]张铭德.初中数学教学信息化体系建构研究[M].天津:天津

科学技术出版社,2020.

[14]潘小梅.初中数学教学研究入门36问[M].杭州:浙江大学出版社,2017.

[15]曹新.中学数学学科知识与教学能力[M].哈尔滨:哈尔滨工业大学出版社,2020.

[16]叶立军,斯海霞.初中数学拓展性课程开发与实施[M].杭州:浙江工商大学出版社,2019.

[17]卢红梅.促进深度学习的初中数学教学设计研究[D].上海:上海师范大学,2020.

[18]谭云.基于深度学习的数学课堂教学研究[D].长春:长春师范大学,2020.

[19]杨文涛.核心素养视角下初中数学情境教学的研究[D].南昌:江西师范大学,2020.

[20]阎炜.多媒体技术在初中数学教育教学中的应用分析[J].科学咨询(教育科研),2021(7):183-184.

[21]谭妤.基于新课改背景下多媒体技术在初中数学教学中的应用[J].中国新通信,2022,24(3):187-189.

[22]顾慧玲.数学核心素养理念下的初中数学课堂教学分析[J].才智,2018(9):34+36.

[23]牛小雄.信息技术与初中数学教学整合存在的问题及应对措施[J].西部素质教育,2019,5(17):128-129.

[24]吴国扬.初中数学课堂教学有效性的分析[J].吕梁教育学院学报,2020,37(4):88-89.

[25]岳代稳.初中数学问题导学法的应用与教学策略研究[J].科教导刊(上旬刊),2018(16):118-119.

[26]韩方廷.新课标下初中数学课堂教学有效性策略分析[J].中国教育学刊,2019(S1):54-56.

[27]崔建鹏.初中数学课堂教学有效提问及其实施策略分析[J].教育教学论坛,2020(52):330-331.

[28]王岚.翻转课堂在初中数学教学中的应用策略探究[J].科技风,2021(24):47-49.

[29]宋召静,金晶."德教合一"理念下初中数学课堂的建构[J].西部素质教育,2022,8(6):64-66.